U0537544

解開你的星際馬雅密碼

集結馬雅、易經、心經、盧恩符文、13月亮曆法，解開時間的祕密

我們是星際馬雅人
是次元空間靈性的存有
邀請您 回到自己的頻率
與地球一起進入光跟愛的新世代！

星際馬雅人～穿梭宇宙次元間的星際旅者

Katarina Prokic, Ana zikic ／策劃
lawoftime.org ／資料來源
莊惟佳／編著

感謝

　　首先要感謝 Rafeeka 朱衍舞小姐把新天狼星曆（13 月亮曆法）帶來台灣，並帶領 3128 玩美部落所有夥伴們不斷地分享 13 月亮曆法。

　　感謝我的老師 Ana 與 Katarina 持續定期的自塞爾維亞和智利來到台灣，分享傳遞這星際銀河系的知識。

　　感謝 Red Queen／Stephanie South 紅皇后／史蒂芬妮‧南接續 José Argüelles 荷西‧阿圭列斯博士的工作，成為博士在地球的傳媒，下載來自天狼星的訊息。

　　感謝 José Argüelles 荷西‧阿圭列斯博士用畢生來完成這地球人類新週期的啟動，讓人們能順著這自然時間之流找到自己，重新還原自己，認識時間法則。

　　感謝誼芳排製校稿此書，好幾次的改稿很辛苦。感謝 Ben ─陳柏宇、Ray ─郭瑞申特別在百忙中撥空翻譯。感謝現在在各地分享星際馬雅的人。感謝我的父母親、家人、好友與在我生命中的每個人，不管正面、負面，都是愛。也對所有我有意無意間曾傷害過的人致上真誠歉意！願我們都能因為了解了宇宙生命的真相，而彼此相愛！

　　感謝來自源頭母體（造物者／如來／上帝／阿拉）光與愛，護佑支持著我。最後要感謝自己，願意認出自己就是光、就是愛，並認出每個人都是！！

「Maya」，幻象之意。

祝福予每一個人，愛自己，愛所有～

因為，

In Lak'ech ！
（馬雅語：你是我，我是另外一個你！）

本書參考網站及書籍：
- 美國時間法則基金會：lawoftime.org
- 《跨次元互聯網：祖夫雅的魔法通道》José Argüelles
- 《獵戶瞳孔：通往跨次元存在之門 開啟宇宙編年史的大鑰匙》Stephanie South/Red Queen
- APP：安卓 - 夢語境、蘋果 -13:20:sync

心智創世紀誓言

一個強而有力的誓言提醒我們是一體的,
並重新活化啟動我們共同的星際使命。

我們是那些無須具名啟動誓言的人,
從遠處發送到這裡——從另一個世界系統,
我們要去實現的時代已經到來了,
我們所做的就是將那個古老的承諾設定了我們的神聖使命,
我們呼吸在同一個呼吸,
一個生命,一個神聖的連結,
是為了讓地球揚升進入他在星際間的記憶庫。

心智創世紀,
以我的任務為名,
僅僅只是那個沒有名字的可以完成這個任務,
一個呼吸、一個生命、一個神聖的連結。

心智創世紀,
那個必須履行的誓言,
我們在靜心中發誓,
所有人類可以解脫、自由,
一個新世界的誕生,
彩虹就是這意識之光,
這光引領我們進入那無窮無盡的永恆。

—— José Argüelles 荷西‧阿圭列斯
時間法則基金會創辦人

推薦序—紅皇后／時間法則基金會負責人

「銀河文化在地球上是什麼？她是透過共時秩序的知識、冥想和應用而使銀河文化成為可能的地球文化一部分。』

—Jose Argüelles//Valum Votan

這本書是帶領你進入共時秩序的指南，帶領你進入日常生活中隱藏版的現實秩序。本書中的程式碼由 Jose Argüelles/Valum Votan 在 20 年間展開。她們是基於瑪雅曆法和 Pacal Votan 帕卡爾沃坦的預言。然則此共時秩序植根於時間法則。時間法則區分了 12:60 的人工的機械式計時頻率與 13:20 的自然式計時頻率。13:20 透過 20 個手指和腳趾以及 13 個身體的主要關節被編碼進入人類身形。儘管許多人將時間和日曆僅視為保持時間表的手段，但其更深層的同步性質往往被忽略。歸根結底，日曆的目的不僅僅是標記天數的流逝，而是進行同步使命。

根據時間法則，宇宙中發生的一切都是同步於計時週期的結果或表現，也被稱為第四維度現實秩序。而一切事物的存在皆是為演化發展階段相對應的精準同步循環的行使機能。時間法則是一種新的時間安排。她向我們介紹了一個銀河知識系統，她將不同的文化傳統、曆法和知識系統統一到一個連貫的、普遍的架構中。

這些知識被組織成 13 個月亮、28 天的日曆。這個 13 月曆是一個諧波模板，她同步了所有真正的曆法和算法系統，從瑪雅長計數到古老的 Futhark 符文到易經卦象。這些都是同步秩序的一部分。在共時秩序中的時間曆法，最基本的模式是由 13 個音頻調性和 20 個印記的相互作用建立的。13x20＝260。

Tzolkin 卓爾金 (曆) 是一個 260 天的循環週期。卓爾金也視為諧波模組，是一個 260 個單位的跨維度時間工具，可以引領我們經歷這些同步性。同步性是將人、地點和事件同步成有意義的順序的宇宙智慧。當外在事件與我們內心的想法、感知或感覺相對應時，它就會發生。例如，當您想念某人時，同時他們給您發信息或電話。你越關注同步性，它就越容易發生。參與同步秩序會產生以下結果：1. 喚醒更深層的意識。2. 超越表面現實眼光。3. 與自然和宇宙模式重新連結。同步秩序是第四維度的真實秩序，她會通知第三維度。本書中的程式碼可作為地圖，幫助您存取你的更高自我源頭真相。請用愛擁抱她，因為愛是將一切連結在一起的終極同步力量！

Stephanie South/Red Queen: Kin185 / 史蒂芬妮·南／紅皇后：Kin185
Foundation for the Law of Time / 時間法則基金會

編者序 —— Rebecca 莊惟佳

先聊聊我跟 13 月亮曆的緣份吧。

在 2010 年底接到 Rafeeka 來自北京的電話：「Rebecca，有個 13 月亮曆課程妳要來上，有一些密碼很神奇…」我聽了覺得很複雜沒興趣上。「我也不知道那是什麼，但這班是實驗班，總之妳一定要來！」就這樣我在 2011.1 月進入了 13 月亮曆的課程。當課程準備結束時 Ana 老師跟我們說：「In Lak'ech！馬雅語：你是我，我是另外一個你！」時，我"連線"了，心中很清楚知道：「對，就是這個，我們是一我們是 In Lak'ech！不要再互相傷害，要愛彼此！」回去後整個頭腦裡只剩下「In Lak'ech！你是我，我是你！」，這也是我會繼續走到現在的原因，另一原因是因為我是 Kin144* 黃種子波符的紅天行者。而 Rafeeka 兒子阿木哥則是馬雅 Pacal Votan 國王的星系印記 Kin60！這也是為什麼是由她把 Kin62 國王波符的 Ana 老師帶來台灣亞洲分享 13 月亮曆法。

在 2013/4/15 一個機緣下去參加了禪行活動學禪定，當我拿到我的禪行號碼時我愣住了，末 3 碼是「832」*！我知道我正被宇宙引導著！在家每天禪定大約半年後，當我禪定完張開眼睛的瞬間，我看到卓爾金她已不是原先的卓爾金、她是活生生的、整個深度廣度是那麼的不可思議無法言喻！我看到世界上的一切發生都是上天造物主（上帝、如來、阿拉）對我們的愛與慈悲。原來這世界上在我們身邊所有發生的一切都是為了愛！為了讓我們回到愛！這些訊息都封印在銀河的編碼矩陣裡！

「13 月亮曆」也稱「新天狼星曆」「卓爾金曆」，是一個很奇特精準的曆法，她不是馬雅曆是以馬雅曆為基礎標記著宇宙的自然法則、銀河系太陽天狼星月亮人類的週期、宇宙法則的智慧，我們生活在這個銀河系，我們來地球出生時就被賦予神諭的力量——天賦能力，原本的我們也不是人類，但我們都遺忘了，我們遺忘了生活在銀河系裡，忘了宇宙的浩瀚，也遺忘了自己！13 月亮曆法（新天狼星曆）是現代人的幸福地圖，引導著我們走向 4～5 次元能量的路徑 - 自然法則的生活，透過調頻校準活出自己的力量，您會越來越放鬆，在自然的能量推進中自在完成必須完成的。會明白恐懼焦慮痛苦憂鬱是靈性記憶錯誤信念的沾黏、是一場誤會。

《跨次元互聯網》書裡提到：「2012 年會發生一件重大的事……」是的，人類銀河系太陽系的舊能量舊世代已結束，一個全新的週期開啟了——人類進入了黃金太陽新世紀！人人的靈性都準備覺醒、提升意識。當您開始使用 13 月亮曆法時您的心電感應力以及 DNA 會漸漸被活化、阻塞的能量會開始流動、慢慢的您會漸漸憶起自己是誰、此生來地球的目的與使命，會接軌屬於您自己今生的豐盛幸福，會看到那共時——生活中所發生的「巧合」其實都是宇宙的安排。

馬雅預言羽蛇神*將把天堂帶到人間，釋迦牟尼佛說：「人人皆有佛性，人人皆可成佛！」耶穌說：「我們都是上帝之子，神的孩子，上帝在我裡面，我在上帝裡面！」José Argüelles 荷西・阿圭列斯說：「你就是你等待的救世主！」來解開你的星際馬雅密碼以及解開每日能量訊息，您就會明白「我們與神從不曾分離，您從來都不孤單！」卓爾金標記著回家的「道」路。珍惜來地球的這一世！享用您的人生！

José Argüelles 荷西。阿圭列斯在離開地球時說：「我已經完成我的任務了，我的團隊，剩下的工作就交給你們了！」我的老師 Katarina 說：我們是相約一起回來的夥伴。馬雅消失的 7 世代正在回歸、你們正在被呼喚被喚醒，該是時候要工作了，協助人們回歸 13：20 的銀河共時序，13：28 的月亮太陽週期序。跟著地球一起揚升！「把天堂帶到人間」！

會看到書的這裡，想告訴您，您已準備好開始啟動您美好的生命「時間」了。我們會相遇是註定（Destiny），請啟動自己的美好能量，拿回屬於您的力量，這本書是為了您而存在，為了讓您在地球活出豐盛喜悅富足與幸福的生活！宇宙是愛您的，因為您是上帝如來的孩子！

「回到你自己，成為自己的光！」

最後，感謝 José Argüelles、RQ/Stephanie South、Katarina Prokic、Ana Zikic、Rafeeka 以及為新的週期在付出的每一位星際馬雅家人，不管你（妳）在地球的哪裡——我愛你（妳）。

祝福我們，祝福每一個人～
愛自己，愛所有一切～
因為：In lak'ech！
（馬雅語：你是我，我是另外一個你！）

新天狼星第一週期第 37 年
自我存在貓頭鷹之月的 8 Dali 等離子

---

*José Argüelles 此生只教「144」位學生！「144」的密碼與聖經耶穌門徒有關。
*「832」José Argüelles 在一次被蠍咬進入三摩地醒前所接收到的數字密碼！
*「羽蛇神」馬雅的預言，把天堂帶到人間的神！

關於馬雅曆的緣起

馬雅人知道時間就是一把啟動生命的鑰匙。在馬雅文化中尤卡坦半島（Yucatán Peninsula）的人，對於時間循環系統擁有非常先進的知識體系。

當今現存的馬雅曆還有約 20 種以上，這些曆法以複雜的方式互相同步共時、緊密結合，形成更廣泛、更長遠、精準的時間運算公式。《馬雅元素》中，荷西・阿圭列斯（José Argüelles）提出馬雅人的曆法實際上是一個以不同光束或密度波的時間校準工具，他提出一個結論：卓爾金曆中 13 個 Baktun 週期，同步光束通過我們的太陽系，歷經將近 5200 年。從西元前 3113 年到 2012 年，人類歷史中重要文明事件的發生，例如：佛陀、老子、耶穌、穆罕默德、蓮花生大士的誕生，以及十字軍東征、世界大戰、核爆等等。

馬雅曆被馬雅人稱為日期的保管者，每個日子都有其影響當日事物的象徵。馬雅曆的起源不可考，傳說是馬雅星墜落時的標記，墜落後從外部星球帶給地球一個高度文明的遺物。而真正的馬雅人，來自高次元時空的文明國度。預言此時將回來協助人類一起轉換這新週期。

我們現在所使用的星際 13 月亮曆（Galactic 13 Moon），是於西元 1952 年，位在墨西哥巴倫克（Palenque）埋葬墨西哥國王帕卡爾・佛丹（Pacal Votan）的墓被考古人類學家發掘，而棺蓋上拓下的碑文經過 荷西・阿圭列斯（José Argüelles）博士解碼，重新結合了新天狼星週期、哈布曆、月亮曆被稱為「夢語境」（Dream spell）。透過與卓爾金同步，人類可因此回歸自然時間法則生活，每天依循自然時間完美的循環，並且對準第四次元的頻率，與之共時的振動。荷西・阿圭列斯（José Argüelles）博士更下載了新天狼星的訊息，完成 Telektonon 預言棋盤，以遊戲的方式進入真實時間的工具以及 7 本等離子的書的這些星際知識。而在 1987 年為世界和平而舉辦了全球 144,000 人同步靜心的「和諧匯聚」活動（即 4/22 世界和平日的前身）並建立了 The law of time 美國時間法則基金會（lawoftime.org），將這些浩瀚的宇宙科學留下來，讓人類進入新的銀河系週期。馬雅曆法記載人類舊的週期也同步結束，新的週期正在展開。

美國時間法則基金會所出版的年曆中說：「現今有許多空前絕後的事件，正在我們這個星球上演。以時間法則為基準的知識系統，指出當前人類必須改變與時間關係的迫切性，也就是要改變『時間』的概念。藉由這套曆法，將 12：60 的頻率轉換到 13：20，而藉由改變時間，有意識地提升頻率，藉此協助我們平安渡過這個頻率的轉換。」

13：20，每個波符有 13 音頻，共 20 個太陽能圖騰，封印在我們人體的 13 大關節與 20 個手腳趾。每年有 13 個月分，每個月有 28 天，13：28，同步了月亮繞行地球與地球繞行太陽的週期。此自然曆法，讓我們進入銀河系與浩瀚宇宙共時秩序的大門，進入這星際的自然週期與知識，也同步解開了我們自身生命的奧祕，明白了來到地球的目的，此生所為何來？更明白與身邊人的關係（緣份），還原自然的（時間）頻率互動，進而和諧共處。

　　每天的神諭力量，與自己神諭力量，肯定句都是第四次元心電感應場的密碼，它會為我們的心智場域開啟新的潛能。時間律則就是宇宙的法則，就是宇宙中能使萬物共時同步的真相。換句話說，我們都在自己的生命中移動，有時候會感覺到「聚合」，有時候會感到「分離」。當我們感到「聚合」，一切是同步共時的，若感到孤單分離，代表我們已與源頭偏離。

　　這是我們與自然時間法則吻合的時刻，您會看到這本認識自己在銀河系的位置的書並非巧合。該是醒來的時候了，讓我們一起進入自然時間的波浪，進入馬雅祖夫雅的神祕通道，了解自己此生為何而來，透過每日的星際靜心，溶解掉靈魂的沾粘記憶，預言自己與家人幸福美好的未來！一起！乘行去！

新時間的開展

在馬雅曆上所謂 2012/12/21 的末日之說，實際上是太陽系 26000 年，人類歷史 5200 年舊週期的結束，在太陽系展開了一個新的旅程，一道銀河的光束，正在強烈穿透我們的行星——地球。這道光蘊藏了訊息密碼，且充滿了重要的銀河知識，為的是使共時能廣泛流傳。13 月／28 天的曆法提供了重要的模組，讓我們能透過它而進入這道光束，開展共時序之浩瀚疆域。我們進入了光的世代，要準備解開自己光之密碼。

而當我們更加覺知到共時序時會發現，我們的感知，除了覺察到每日生活的實相外，多維度的「時間」事實上也一同在進行著。這些其他的時間就如同平行宇宙，在我們這三次元物質世界的生活中，也同時一邊運行著第四、第五次元。生活在第三次元裡，我們可以透過提升自己的意識而進入到第四、第五次元中。藉由提升我們的意識到達更高次元，我們能有意識地接觸到夢境或幻象中的不可見世界。那裡是創造新世界的場域，任何事情都有可能發生，且一切都可同時發生。

13 月亮曆（新天狼星曆）的矩陣，幫助我們將自己的心識，對焦於共時的藝術與科學中，讓我們進入到其它次元。這就是為何它被稱為共時測量準則，也就是共時測量儀。我們以這樣的方式了解「時間」，就會開始理解時間是「非線性」的，而是放射的；時間是走向第五次元的第四度空間。

共時序的編碼，不僅是富有生命的數學矩陣，也是完整的心靈神祕宇宙學，它們呈現了一套時間的魔法，或說是時間量測的系統；這原動力將任何一個時間一個過去或未來，帶到當下。一旦依循著每日的星系印記與編碼肯定句，任何一個使用此星際 13 月亮曆法（新天狼星曆）的人，都會與心電感應連結。這些訊息碼讓我們知道自己是無窮的自然本體，也就是在機械時鐘的背後，我們是那永恆的生命狀態。

找到自己的星系印記神諭力量，你就能夠感覺每日、每週、每月及每年自己與共時母體的模組連結！

請記得，時間是共時的頻率。而 13 月亮曆（新天狼星曆）是讓你每日啟動共時及感覺這道新銀河光束的實用工具。當我們與這道光束共振時，就很清楚什麼是自己該做的，何時與如何完成自己該做的事。如此一來，一刻接著一刻、日復一日，我們就會將這個行星地球轉化成真實的藝術品，一個萬有皆能在此享樂，創造美好事物與探索的天堂。自己、人與人之間和諧、合作共心共榮的新地球。

何謂時間律則

時間律則（law of time）是宇宙法則。它表明時間就是使萬物在宇宙中同步共時的要素。換句話說，我們都在自己的生命中前進，而有時候我們感覺到「時運當頭」（合一、聚合、擁有一切），有時候則感到「分離」（不足）。當我們感到「聚合」的時候，一切事物是共時的。這就是我們與「時間律則」同步，這就是自然法則。

就一個純粹的四度空間結構而言，共時序可被想像為是一個乙太體，如夢或高度元素打造的幻境，這有別於三次元的分子結構或空間維度。

三次元空間是依據線性時間的架構所組成，它包括時間長度的結構。在四次元的時間裡，時間長度的結構僅在它們與共時序的和諧碼相互運作時才具有意義。而我們的意識，在嚴格遵照線性時間的架構中，受到極大的限制。

傳統的「朱利安／貴格里安曆」（西元曆）就是以線性時間為長度架構的範例。它符合了地球繞行太陽的週期長度，但是它的規則並沒有完全與自然的秩序相吻合。這個曆法的一年裡有 52 週，與和諧頻率（7×52 = 364 = 13×28）的數字相符，但在它 12 個月裡，每個月的天數並非相同於週數的秩序。（一個月 28 天，但有時是 29 或 30、31 天）

一旦每個星期與月分的不規則天數變換，被接受且被視為常態，長期下來就會對意識造成影響。此外，這個曆法的月分命名也不合邏輯：九月的 September 實際是 7 的意思，十月的 October 其實是 8 之意……等等。當我們的潛意識與意識，植入了這些不規則性，且視之為「常態」後，整個社群的潛意識，就會被鎖入無法解套的不規則性與不合理性的自我戰爭模式中。

13：20 的頻率是幫助我們，從線性時間的高密度空間中脫離的橋樑，讓我們進入自然時間的浩瀚純粹和宇宙的神奇中。而星際 13 月亮曆法是宇宙的機制結構，它所創造的頻率與太陽系的頻率相合。而 13：28 的頻率（13 月／28 天）完美地契入 13：20 的頻率中（卓爾金曆表的 260 個 kin／銀河螺旋）。這兩個週期組合運作時會創造一個 18,980 天，或者說是 52 年的週期，在這段期間沒有任何一個月與 kin 的組合會重複。這個週期被稱之為「太陽－銀河週期」，它正好是天狼星 B 繞行天狼星 A 一周的時間。而這個曆法的新年是西元曆的 7 月 26 日，正好是天狼星與太陽同步上升的週期，此現象一年才出現一次，此日即一年週期的新開始──地球的新年。

5 把向共時下訂單的鑰匙

神諭力量的 5 把鑰匙，是與宇宙同步的訂單。自然冥想、每天留出時間，讓自己練習放鬆心靈進入自然狀態。允許你想要用你的呼氣溶解。不僅如此，這讓我們感到更加冷靜和集中，它也創造了一個和平的錨點，以抵消快節奏的世界。

我們的振動影響整體。每個工作日都要把「善意轉化為活動」。一切都是一個感覺的問題。我們在這方面的挑戰時間保持非常積極，專注於世界，我們希望創造的生活。我們不需要讓我們夢想適應這個世界的心態，而我們可以創造新的心態。

星際馬雅 13 月亮曆，考慮日常的能量。銀河星系印記，有助於進入你的思想循環時間，增加持續的意識，打開你的宇宙感。保持同步共時日誌，你專注的越多同步性越強。

建立一個同步共時學習小組，分享同步共時，討論時間和意識的本質，激活新的宇宙對話，說出你最高的夢想，錨定地球上的新意識！

你就是──銀河文化與心智場域

新時間的景象已來到，而地球的下一個演化紀元，也就是心智場域，正朝我們而來。然而，還有許多的工作等待被完成，但這個工作將是最大的樂趣！

那就是幫助我們所有的兄弟姐妹們，提升他們的頻率，並一起為所有的生命，創造出一個更好的地球。為你的家人、朋友們找出屬於他們的星系印記、第 5 力量神諭並與他們分享這個資訊。

我們的官網：www.lawoftime.org 是為您設計的大型圖書館，裡面有許多免費的下載與教育資源。我們學習越多新的事物，就會有越多的演進，我們有越多的演進，就會為一切生命創造出更好的行星地球。

13 月亮曆

7/25 無時間日

文化所在之處，就有和平。
和平所在之處，方有文化。

13月亮曆法讓你得以進入共時同步的秩序。這是時間與現實的第四次元的秩序，在其中，共時同步是每日的規範準則。

共時同步對於行星（地球）而言，是新的知識系統——太陽系的和諧狀態，這是一種必要改變自身與周圍環境，進入區域恆星系統，我們想改變自身的知識載體，太陽系正快速進入它自身演化的下一個階段。

13月亮曆法，賦予我們最簡易的方式，完成下一個階段的進化。依循曆法的本質，共時同步的秩序就是宇宙，這種精準的結構將天地萬物（宇宙）統一起來。

目錄

- 004　感謝
- 005　心智創世紀誓言
- 006　推薦序——紅皇后 / 時間法則基金會 負責人
- 007　編者序——Rebecca 莊惟佳
- 009　關於馬雅曆的緣起
- 011　新時間的開展
- 012　何謂時間律則
- 013　5 把向共時下訂單的鑰匙
- 014　13 月亮曆
- 016　銀河中心——Hunab Ku
- 017　時間的模組
- 018　卓爾金曆 13 Baktun 週期與人類歷史大事
- 020　解讀星系印記的每日能量
- 021　找到自己的神諭力量星系印記
- 025　卓爾金—13:20 母體矩陣
- 026　我的神諭力量與行星服務波符（範例）
- 027　解開顏色密碼、數字密碼 13 個、20 個太陽能圖騰密碼
- 038　20 個行星服務波符——找到自己的生命目的
- 078　13 銀河音頻調性對應自己身體的位置
- 079　20 個太陽能圖騰與身體全息
- 080　放射狀等離子與脈輪
- 081　找出當天的行星意識記憶庫——我的 PSI
- 082　行星意識資料庫（PSI）圖表
- 083　地球行星全息與家族
- 084　星際馬雅 13 年預言力量
- 085　52 年週期——命運城堡
- 087　找出自己的盧恩符文
- 096　64 個易經密碼子解義
- 097　找到自己的銀河易經
- 099　找到自己的維娜神諭力量
- 100　每日靜心練習
- 104　觀察自己的神諭力量與每日的共時運用
- 106　如何使用銀河星際羅盤
- 110　Pacal Votan 國王石棺印記
- 111　和平旗、無時間日
- 112　美國時間法則基金會會旗
- 113　Hunab ku21 意識能量路徑
- 114　附錄
　　　時間的週期
　　　心經 VS. 卓爾金
　　　馬雅數字 VS. 預言
　　　星際馬雅人在跨次元移動——脈衝
　　　Rebecca 星際馬雅手扎
　　　空白圖表
　　　本書持有者
　　　星際馬雅有 7

銀河中心 —— Hunab Ku

Hunab Ku 圖騰
銀河系、宇宙全息圖

時間的模組

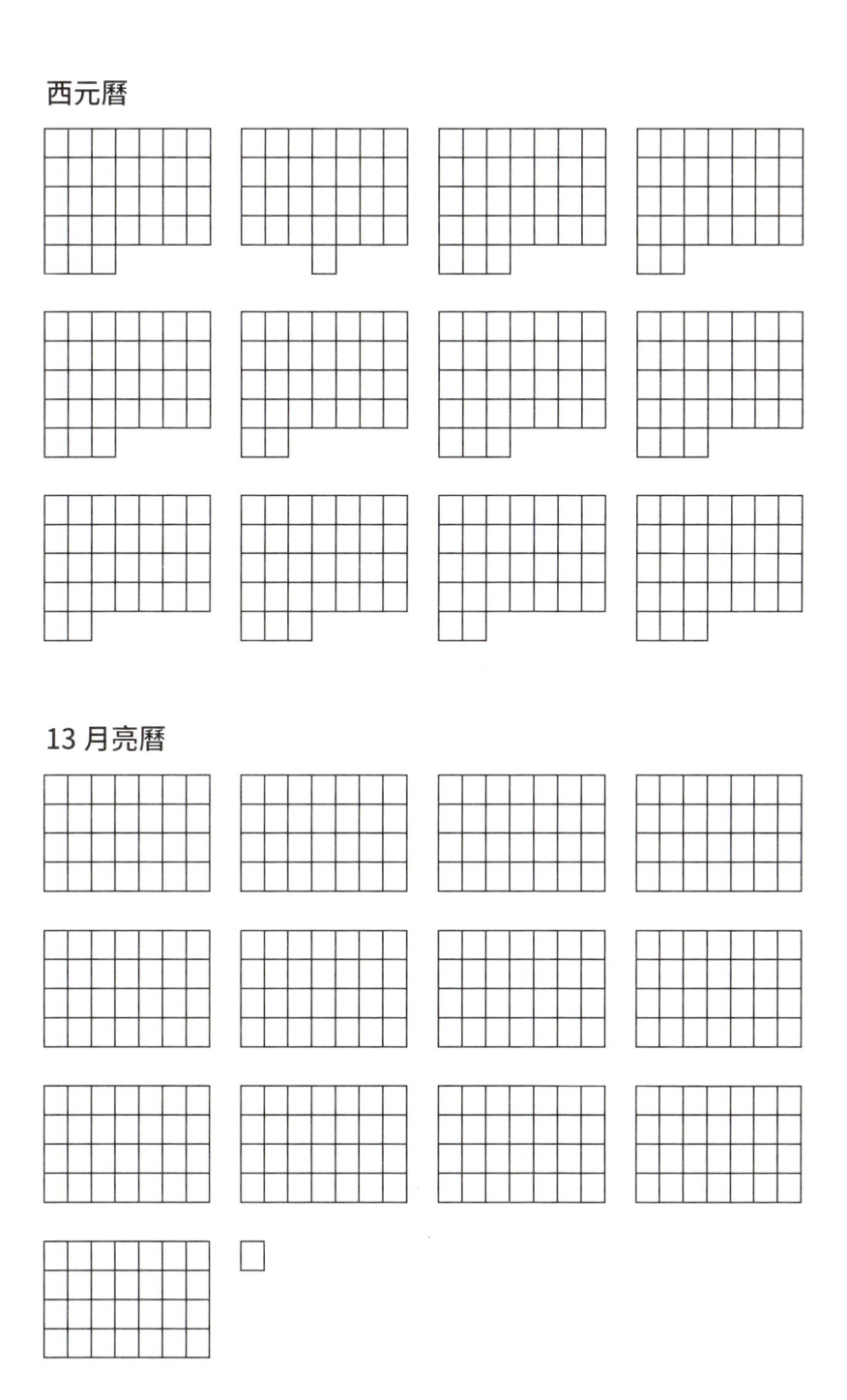

西元曆

13 月亮曆

卓爾金曆 13 Baktun 週期與人類歷史大事

Just Living in the Law of Time

卓爾金曆 13 Baktun 週期與人類歷史中重要文明事件息息相關。
圖片來源：荷西‧阿圭列斯《馬雅元素》第五章 歷史與太陽系統：行星視野，時間法則基金會。

The 13 Moon Calendar

解讀星系印記的每日能量

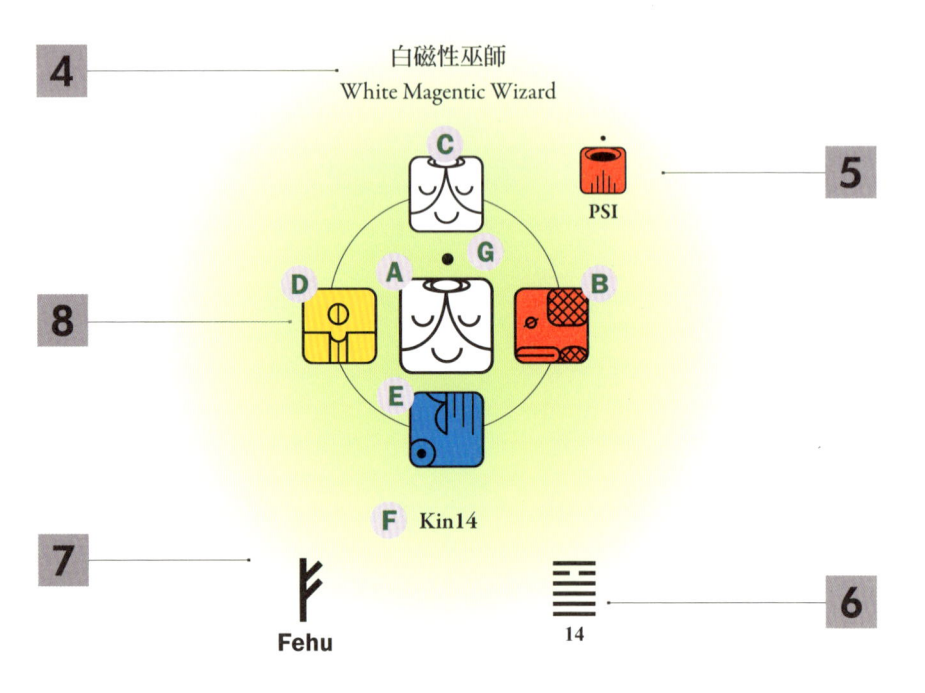

1 Dali
2 1月1日（五）
3 西元 2019 年 7 月 26 日
13 月亮曆 ｜ 磁性之月第 1 天

4 白磁性巫師 White Magentic Wizard

5 PSI

A · G
D · B
E
F Kin14

7 Fehu
6 14

---

1. 當天的等離子
2. 13 月亮曆
3. 西元日期
4. 印記之名
5. PSI- 行星意識資料庫
6. 當天的易經卦
7. 當天的盧恩符文
8. 每日星系印記(KIN)圖騰符號說明
   - A 命運
   - B 支持
   - C 引導
   - D 挑戰
   - E 隱藏的推動力
   - F KIN 的編號
   - G 數字音頻
   - P.S. GAP(綠色)銀河激活之門

找到自己的神諭力量星系印記

　　這是一個尋找自己的過程，找到自己進入銀河星系的通行證——星際馬雅神諭力量（KIN）。請用空白的印記圖表，把自己的圖騰與調性（頻率）畫下來，讓自己親身經驗這個尋找與認識自己的過程！

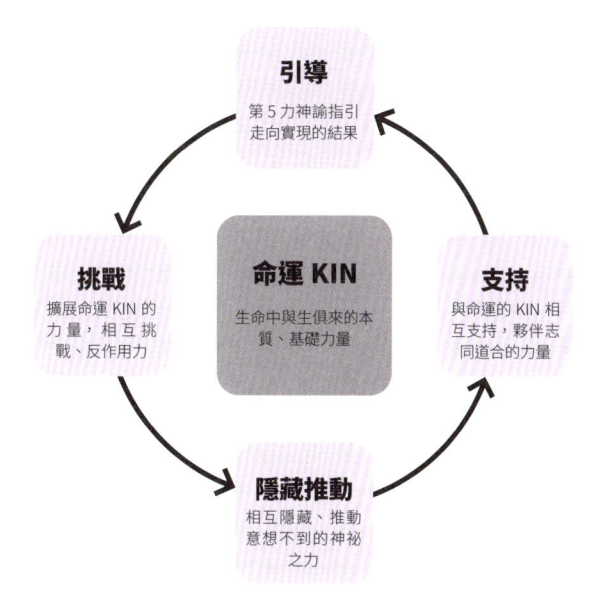

引導
第5力神諭指引
走向實現的結果

挑戰
擴展命運 KIN 的力量，相互挑戰、反作用力

命運 KIN
生命中與生俱來的本質、基礎力量

支持
與命運的 KIN 相互支持，夥伴志同道合的力量

隱藏推動
相互隱藏、推動意想不到的神祕之力

1. 要找出命運的神諭主印記圖騰，從下頁的年分對照表中，找出自己的出生年，把年分右邊的數字記下來。
2. 接著，從月分對照表中，找出自己的出生月，把月分右邊的數字記下來。
3. 現在，把年的數字＋月的數字＋加上出生日期的數字，3個數字相加所得出來的數字就是自己的星系印記（KIN）的編碼，這個數字可以對照第25頁卓爾金曆表的數字，找出自己的太陽圖騰與銀河音階的調性。
4. 接著要先學會 Kin 的正確語法：順序是顏色、調性、圖騰，例如：藍色光譜猴。調性名稱請參照第28、29頁；圖騰名稱請參照第30頁。

【例一】José 的生日是西元 1939 年 1 月 24 日
247 ＋ 0 ＋ 24 ＝ 271
由於卓爾金曆只有 260 個單位，若總數超過，就要再減去 260。
271 － 260 ＝ 11
因此第 5 力量神諭 KIN 就是**藍光譜猴**。

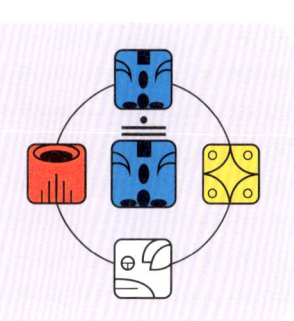

The 13 Moon Calendar

生日月分	對應數字		
1月 January	0	7月 July	181
2月 February	31	8月 August	212
3月 March	59	9月 September	243
4月 April	90	10月 October	13
5月 May	120	11月 November	44
6月 June	151	12月 December	74

| 月分對照表

5. 接下來我們就要找出星系印記神諭力量的挑戰、支持、隱藏的推動力，以及引導的圖騰了。（請參照右頁）要記住，所有圖騰都有其固定排序由1～20的編碼（紅龍1～黃太陽20或 ⊖ ），這是永遠不會變的，這一點很重要。

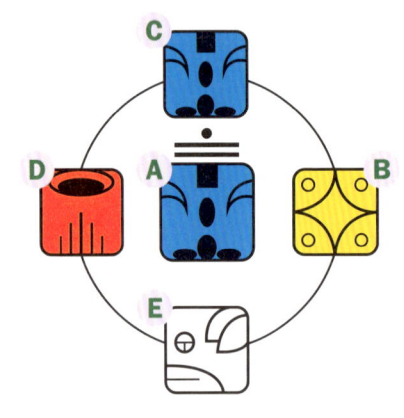

支持 A + B = 19
挑戰 A ± 10 = D
隱藏推動 A + E = 21
隱藏推動調性 A + E = 14

★ **提醒：**在13月亮曆並沒有2月29日，若生日是29日，29日的中午之前出生的，計為2月28日，在29日中午之後出生的，計為3月1日。

★ 尋找 Kin 印記還有二種方法：
1. 銀河星際羅盤
2. 夢語境 Dreamspell App

出生年					數字
2117	2065	2013	1961	1909	217
2116	2064	2012	1960	1908	112
2115	2063	2011	1959	1907	7
2114	2062	2010	1958	1906	162
2113	2061	2009	1957	1905	57
2112	2060	2008	1956	1904	212
2111	2059	2007	1955	1903	107
2110	2058	2006	1954	1902	2
2109	2057	2005	1953	1901	157
2108	2056	2004	1952	1900	52
2107	2055	2003	1951	1899	207
2106	2054	2002	1950	1898	102
2105	2053	2001	1949	1897	257
2104	2052	2000	1948	1896	152
2103	2051	1999	1947	1895	47
2102	2050	1998	1946	1894	202
2101	2049	1997	1945	1893	97
2100	2048	1996	1944	1892	252
2099	2047	1995	1943	1891	147
2098	2046	1994	1942	1890	42
2097	2045	1993	1941	1889	197
2096	2044	1992	1940	1888	92
2095	2043	1991	1939	1887	247
2094	2042	1990	1938	1886	142
2093	2041	1989	1937	1885	37
2092	2040	1988	1936	1884	192
2091	2039	1987	1935	1883	87
2090	2038	1986	1934	1882	242
2089	2037	1985	1933	1881	137
2088	2036	1984	1932	1880	32
2087	2035	1983	1931	1879	187
2086	2034	1982	1930	1878	82
2085	2033	1981	1929	1877	237
2084	2032	1980	1928	1876	132
2083	2031	1979	1927	1875	27
2082	2030	1978	1926	1874	182
2081	2029	1977	1925	1873	77
2080	2028	1976	1924	1872	232
2079	2027	1975	1923	1871	127
2078	2026	1974	1922	1870	22
2077	2025	1973	1921	1869	177
2076	2024	1972	1920	1868	72
2075	2023	1971	1919	1867	227
2074	2022	1970	1918	1866	122
2073	2021	1969	1917	1865	17
2072	2020	1968	1916	1864	172
2071	2019	1967	1915	1863	67
2070	2018	1966	1914	1862	222
2069	2017	1965	1913	1861	117
2068	2016	1964	1912	1860	12
2067	2015	1963	1911	1859	167
2066	2014	1962	1910	1858	62

| 年分對照表

Just Living in the Law of Time

20 個太陽能圖騰

第 5 力量神諭

引導

因調性不同，每個圖騰的引導也會不一樣，故不特別標示。

23

找到自己的引導

每個星系印記都有引導的圖騰，記住：引導的調性與顏色永遠跟命運印記的調性顏色相同。請參照右圖引導對照表。

【例一】藍光譜猴

調性 11（光譜）
圖騰 11（藍猴）

從引導對照表中找出圖騰與調性所在的位置，我們會找到「藍猴」、調性 11，因此藍光譜猴就是藍光譜猴的引導。

【例二】紅宇宙月

調性 13（宇宙）
圖騰 09（紅月）

紅宇宙月，引導是紅宇宙的天行者，他們的調性都是 13——宇宙。

引導對照表

卓爾金— 13:20 母體矩陣

1	21	41	61	81	101	121	141	161	181	201	221	241
2	22	42	62	82	102	122	142	162	182	202	222	242
3	23	43	63	83	103	123	143	163	183	203	223	243
4	24	44	64	84	104	124	144	164	184	204	224	244
5	25	45	65	85	105	125	145	165	185	205	225	245
6	26	46	66	86	106	126	146	166	186	206	226	246
7	27	47	67	87	107	127	147	167	187	207	227	247
8	28	48	68	88	108	128	148	168	188	208	228	248
9	29	49	69	89	109	129	149	169	189	209	229	249
10	30	50	70	90	110	130	150	170	190	210	230	250
11	31	51	71	91	111	131	151	171	191	211	231	251
12	32	52	72	92	112	132	152	172	192	212	232	252
13	33	53	73	93	113	133	153	173	193	213	233	253
14	34	54	74	94	114	134	154	174	194	214	234	254
15	35	55	75	95	115	135	155	175	195	215	235	255
16	36	56	76	96	116	136	156	176	196	216	236	256
17	37	57	77	97	117	137	157	177	197	217	237	257
18	38	58	78	98	118	138	158	178	198	218	238	258
19	39	59	79	99	119	139	159	179	199	219	239	259
20	40	60	80	100	120	140	160	180	200	220	240	260

Just Living in the Law of Time

我的神諭力量與行星服務波符

星系印記 Galactic Signature 第 5 力神諭與波符，以 José 荷西為例：

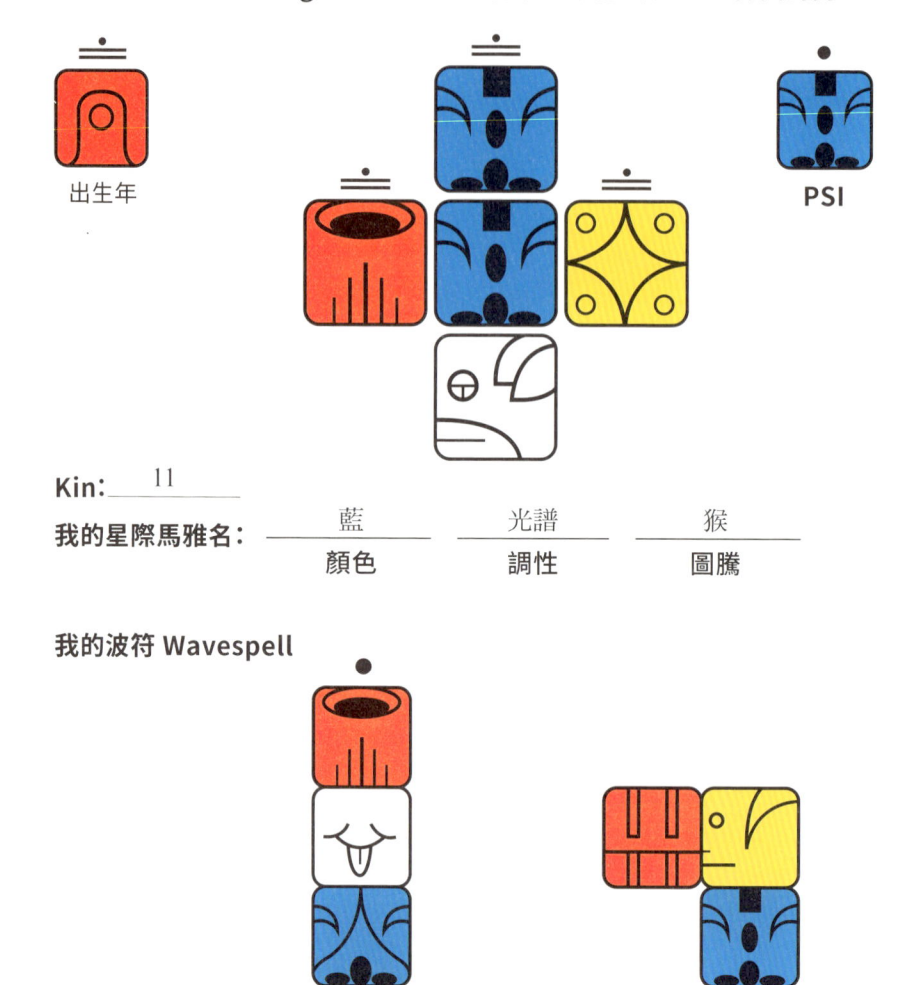

出生年

PSI

Kin:＿＿11＿＿

我的星際馬雅名：＿藍＿　＿光譜＿　＿猴＿
　　　　　　　　　顏色　　　調性　　　圖騰

我的波符 Wavespell

來自波符：龍波

找到自己印記 Kin 在卓爾金曆的位置，往上推到●（1）點，即是自己的生命目的（波形、波符），在自我介紹時波符不需要說出顏色。（此空白圖表在 136 頁）

Just Living in the Law of Time

解開顏色密碼 Hunab Ku

白色
北方
淨化
白皮膚人種

藍色
西方
蛻變
黑皮膚人種

紅色
東方
啟動
紅皮膚人種

黃色
南方
收成
黃皮膚人種

27

數字密碼 13 個銀河調性頻率

音頻調性	A 創造性	C 動力	G 名稱	H 功能	象徵動物	身體大關節位置	提問與解義
• 1	合一	吸引	磁性 Magentic	目的	蝙蝠	右腳踝關節	我的目的是什麼？ 在此調性的日子與月分，或此調性之人，會讓我們清楚知道目的，並去開始，就可以吸引與目的相關的人事物。
•• 2	二元	穩定	月亮 Lunar	挑戰	蠍	右腳膝關節	我的挑戰是什麼？ 在此調性的日子與月分，或此調性之人，容易看見二元，並穩定在二元中，只要覺知勿在二元中對立即可穿越挑戰。
••• 3	活化、激活	結合	電力 Electric	服務	鹿	右腳髖關節	什麼是我最好的服務品質？ 在此調性的日子與月分，或此調性之人，具有方向感與行動電能，能夠做出選擇；開始啟動連結與服務別人。
•••• 4	確定、明確	測量	自我存在 Self-Existing	形式	貓頭鷹	右手腕關節	什麼是我的服務形式？ 在此調性的日子與月分，或此調性之人，有穩定的力量，讓人有安全感、建立起基本形式，穩定根植於大地。有自己的看法與堅持。
— 5	賦予、強化	掌握	泛音、超頻 Overtone	放射	孔雀	右手肘關節	我被授予的最佳力量是什麼？ 在此調性的日子與月分，或此調性之人，內在被授予的強大力量，去展現此力量，能強化自己的信心，真正的信心來自接受自己與自我肯定，小心自卑與自負即可。
• — 6	組織	平衡	韻律 Rhythmic	均等	蜥蜴	右手肩關節	我如何擴大延伸我的平等予他人？ 在此調性的日子與月分，或此調性之人，平衡的力量，韻律6是3的2倍，有2倍3的力量，能連結並組織。 在均等、平衡的最高原則下要以他人的立場為考量才是真平等。所以要避免以自己的看法為看法。
•• — 7	通道	激發	共振、共鳴 Resonant	協調	猴子	頸椎關節	我如何能夠使我的服務與他人協調融和？ 在此調性的日子與月分，或此調性之人，共振的能量，易與身邊人事物產生共鳴共振，讓自己歸於中心、和自己的中心連結，可以輕易傳遞宇宙的訊息。

Just Living in the Law of Time

音頻調性	A 創造性	C 動力	G 名稱	H 功能	象徵動物	身體大關節位置	提問與解義
⋯ 8	和諧	塑造	銀河 Galactic	完整	老鷹	左手 肩關節	我是否忠於自己並活出我的信念？ 在此調性的日子與月分，或此調性之人，8是4的2倍，將基礎結構重新整合塑造的力量。 擁有銀河系般的和諧並忠於內在的和諧與自己的信念，表裡一致，結構就能真正的完善完整。
⋯⋅ 9	振動	領悟	太陽 Solar	意圖	豹	左手 肘關節	我如何完成我的目的？ 在此調性的日子與月分，或此調性之人，當宇宙歷經春分的太陽之月時，會非常強而有力，只要知道自己的目的、想要什麼，就能夠去完成。就怕不知道自己真正要的是什麼！
═ 10	完美	製造	行星 Planetary	顯化	狗	左手 腕關節	我要如何完美顯化？ 在此調性的日子與月分，或此調性之人，行星（地球）的存在力量就是顯化，顯化愛與一切的美好。但怕自己從未真正嘗過「信任自己」的滋味是什麼。明白不完美才是完美，別要求太高，用愛來顯化（呈現）即可。
⋅═ 11	消融	釋放	光譜 Spectral	放下	蛇	左腳 髖關節	我該如何釋放與放下？ 在此調性的日子與月分，或此調性之人，融解、放掉陳舊的力量，釋放活出全新生命的動力。猶如蛇的定期脫皮，保持全新的生命力。
⋅⋅═ 12	奉獻	普及	水晶 Crystal	合作	兔子	左腳 膝關節	我該如何全心奉獻予所有的生命？ 在此調性的日子與月分，或此調性之人，水晶在結晶過程的去蕪存菁更加透徹清晰，在合作奉獻中清透自己，保持在團隊裡，去掉自己小我的聲音（學習兔子的無聲），共同為世界奉獻所長。
⋯═ 13	安忍、安然	超越	宇宙 Cosmic	當下	烏龜	左腳 踝關節	我要如何散播我的喜樂和愛？ 在此調性的日子與月分，或此調性之人，烏龜，所有時間知識的承載者，知道時間魔法，能夠超越，保持安然，了悟時間是片刻的當下，並且享受分享愛與喜悅。

解密 20 個太陽能圖騰密碼

編碼	圖騰 (Seals)	名稱	B 動能	D 功能	E 程式作用	F 本質	對應身體手腳關節的位置
1		紅龍 Red Dragon	滋養	存在	輸入通知設定	誕生	右手食指
2		白風 While Wind	傳遞、感染	呼吸		心靈、靈性	右手中指
3		藍夜 Blue Night	夢境、夢想	直覺		豐盛	右手無名指
4		黃種子 Yellow Seed	對準、目標	覺察		開花	右手小指
5		紅蛇 Red Serpent	生存	本能	存取記憶設定	生命力	右腳大拇指
6		白世界橋 White World-Bridger	平等	機會		死亡	右腳食指
7		藍手 Blue Hand	知曉	治癒		實現成就	右腳中指
8		黃星星 Yellow Star	美	藝術		優雅	右腳無名指
9		紅月 Red Moon	淨化	流動	程式運作過程	宇宙之水	右腳小指
10		白狗 White Dog	愛	忠誠		心	左手大拇指
11		藍猴 Blue Monkey	玩耍、遊戲	幻象		魔法	左手食指
12		黃人 Yellow Human	影響力	智慧		自由意識	左手中指
13		紅天行者 Red Skywalker	探索	覺醒	輸出傳送設定	空間	左手無名指
14		白巫師 White Wizard	施魔法	接受		永恆、無時間	左手小指
15		藍鷹 Blue Eagle	創造、設計	心智		視野洞察力	左腳大拇指
16		黃戰士 Yellow Warrior	詢問	無懼		理解、智力	左腳食指
17		紅地球 Red Earth	進化	共時 自然法則	自動調節校準的母體	導航	左腳中指
18		白鏡 White Mirror	反射、反省	秩序		無窮無盡	左腳無名指
19		藍風暴 Blue Storm	催化	能量		自然運生	左腳小指
20		黃太陽 Yellow Sun	燃盡矇昧、啟蒙、開悟	生命		宇宙之火	右手大拇指

20 個太陽能圖騰含意

紅龍
Red Dragon

滋養－存在－誕生

有力的、保護的、初始的、本源之母、血緣記憶、創造性能量、支持性的
原型力量：原動力

打開卓爾金曆的第一個力量，是一切循環的開始，代表新的誕生與存在。中國記載龍源自深海，帶來滋養，喻我的存在是為了滋養萬事萬物，是遠古的開創者，所以人格特質有開創者、先驅和拓荒者之特質。紅龍也代表連結開天闢地，遠古以來靈魂的記憶（業 Karma）。誕生即帶來靈魂曾經的過去記憶。

白風
White Wind

溝通－呼吸－心靈

神聖之息、聰慧的、啟發眾人的、理想的、心理的、真理的存在、精神的、浪漫的
原型力量：女祭司

風代表所有生命的生存都需要的呼吸，呼吸的韻律。白風帶來溝通與靈性的力量，能提升靈性。淨化並發自內心的文字語言，有利於溝通。風是自由的、流動傳播的，易與人交流。風若停滯就已不是風。白風的序列編碼 2，2 也代表所有的挑戰與課題，表達所有生命（生靈）的誕生，都是否明白自己是靈性的存有。

藍夜
Blue Night

夢想－直覺－豐盛

神祕的、保守的、深思的、內省的、深切的、忍受力、可能性
原型力量：夢想家

夜晚屬於內在精神層面的力量，會帶給你豐沛靈感與清晰直覺。夜晚和夢境有關聯，夜晚也引發內在的直覺力，黑暗中一切依然存在，代表內心蘊含的豐盛。明白內在的豐盛，就能連結外在物質的豐盛。帶來我們內、外在的平衡與真正的豐盛。藍夜也表達我們本是具足豐盛，無所缺漏。

黃種子
Yellow Seed

目標－覺知－開花

塑造心靈者、潛力、領袖、表演者
原型力量：天真的人

種子一生的目標就是開花與結果，再將種子散播出去。種子的開花帶來一股生生不息的力量，也代表覺察自己內在的潛力，所以，覺知自己的內在潛力，訂下外在目標，那定能開花結果。決定目標、制定計畫、勇敢去做。因為，我們永遠不知道一顆種子的潛力，神木也是由一顆種子發芽茁壯長成！黃種子要我們明白，每個人都有無限潛能力量！

紅蛇
Red Serpent

生存－本能－生命力

熱忱的、足智多謀的、親密的、貼心的、感官的、本能的、富魅力的
原型力量：啟動的蛇

紅蛇象徵著第一脈輪「亢達里尼」的動能，是一股本能求生存的力量，屬於實際的物質層面、感官面、以及與身體的連結，蛇代表著生命力與熱情，想到就去做！是一股腳踏實地、能提供我們生存本能的力量。紅蛇告訴我們，當種子發芽後，要想辦法活下去。

白世界橋
White World-Bridger

平等－機會－死亡

寬恕、意識的、謙虛的、多面向的、以精神為基礎
原型力量：教皇

代表死亡的印記。要告訴我們結束、死亡實是新的開始、重生，死亡面前是「平等」的，也帶來另一個「機會」。所以，死亡與重生是一體兩面的力量，是連接萬物二極之間的橋樑，是連接次元與次元之間，與生死間的橋樑。白世界橋讓我們明白，活著（紅蛇）終究會死，必須明白死的真相——重生。

藍手
Blue Hand

知曉－治癒－實現

慷慨的、和平的、理解者、把握者、合作的、療癒者、勝任者、激勵的、技巧的
原型力量：阿凡達

手代表創造與實現的力量，實現實踐會帶來療癒，所以透過藍手可以療癒自己和他人。手可以將空無創造出存有，也具有掌握、研究、調查的特質。透過「動手做」可以通曉道理，手也可以書寫文字企劃、繪畫，建築結構，將一切想法找出適當的形式展現。藍手要我們在有生之年，死亡來臨前，盡情盡興實踐想做的！

黃星星
Yellow Star

美－藝術－優雅

和諧的、指路者、聰慧的、樂觀的、活力的、啟發性的、忠誠的、出色的、智慧的
原型力量：藝術家

所有一切萬物的美麗、藝術與優雅的力量。夜空中星星的閃耀、明亮、吸引人的目光，帶來訊息指引人方向。舉凡與藝術相關的都與星星有連結。例如音樂、繪畫、舞蹈、花藝等。黃星星說，藍手實踐後要將之美化、使之成為藝術的。

紅月
Red Moon

淨化－流動－宇宙之水

意象的、情緒的、溝通者、覺察的、感性的、浪漫的、擴張者
原型力量：治療師

月亮影響地球的水，水可以淨化、清洗。水永遠是流動的，就像人與人之間的情感要柔似水。水也代表著人類心理的情緒，只要接受情緒，就可以保持流動。用水來淨化，就可以純化自己與他人的關係，當水過於情緒化時，不太適合做重大決定！記得「水可以載舟亦可覆舟」，「上善若水」。「清空你的頭腦，像水一樣靈動而無形。把水放入杯中它像杯，放入瓶中它像瓶，放入茶壺它像壺。像水一樣吧！我的朋友」～李小龍

白狗
White Dog

愛－忠誠－心

忠心、助人的、穩重的、守衛的、同伴、持久的、忠實的、團體的
原型力量：慈悲者

白狗來到地球，是為了教導人類學會愛的真諦——真愛是沒有條件的。追隨自己的心，懂得愛自己，對自己忠誠、真實的面對自己、無條件的愛自己，就能給予真實的愛。白狗也跟忠誠的守護家庭、家人有關。

藍猴
Blue Monkey

玩樂－幻象－魔術

自發性的、天真的、幽默的、外向的、神性丑角、好奇的、善溝通的
原型力量：魔術師

猴子就愛玩耍，很天真，就像每個孩子一樣。猴子幽默、詼諧，具有魔術般的想像力，容易讓人感到輕鬆、愉快。猴子也比喻頭腦，一切皆是頭腦的幻象，看清頭腦的運作，即可開心遊戲在人間。

黃人
Yellow Human

影響力－智慧－自由意識

創造者、更高力量的容器、鼓舞者、負責的、直率的、採收者、豐盛的
原型力量：哲人

人擁有自由意識、自由思想的能力，要怎麼想自己完全可以決定，事實是思想所創造，懂得為自己生命負責，人擁有智慧的力量，學習成為思想（自由意識）的主人，人，擁有無限的可能！

紅天行者
Red Skywalker

探索－覺醒－空間

完成的、好人緣的、人界與天堂之柱、廣學多聞的、時空旅者、聖戰者
原型力量：預言家

紅天行者可以毫無限制的四處探險，在有形的空間與無形的時間中穿梭，在次元與次元之間旅行，那是意識覺醒的狀態，所以可以探索未知，可在靜心中實際行動。

白巫師
White Wizard

施魔法－接受－無時間性

智慧的、與神聖意志同調、魔法師、敏感的、持灼見者、直覺的、祭司
原型力量：巫師

白巫師知道世界上時間的祕密就是「沒有時間」、「沒有框架」、「無限制」，因他知道宇宙的永恆，所以可以待在自己的中心如如不動，他知道只要進入心，就會連結到所有與生俱來的智慧。可以拿來練習超感知力、心想事成。因此，閉上眼睛，在無為中完成必須完成的。

藍鷹
Blue Eagle

創造－心智－視野－洞察力

獨立的、全力以赴的、遠見的、自信的、夢想家、技術傾向的、科學的、充滿希望的
原型力量：看見者、先知

老鷹擁有一雙可以看到世上最遠處的太陽之眼，因此牠非常清楚自己要的是什麼，讓心智運作到最極致的狀態，擁有最高遠的視野、最具有穿透力的洞察力，能看見未來、創造未來。老鷹被賦予與上天、祖靈與高我連結的力量，以及所有先知者的託付。

黃戰士
Yellow Warrior

詢問－無畏－智力－理解

可靠的、實際的、聰明的、承受的傳遞者、神聖的溝通者、深切的、知性的、高標準的、務實的

原型力量：拓荒者

戰士是勇氣的最高執行者，無懼的尋求內在真理，為了尋找答案無畏直前，能提供你強大的戰鬥力、意志力。戰士理解如何找尋答案、找對的人適當的提問，因為答案就在問題裡。面對問題，就竭盡所能尋求一切可以解決問題的方法，且永不放棄。

紅地球
Red Earth

進化－共時性－導航

同步化、追蹤證據、務實、護盾、守護本土者、水晶療癒者、自由派、自信的

原型力量：導航者

地球代表大地母親、導航的能量，代表自然宇宙的法則。回歸自然，透過旅行來清楚自己的方向，以及體驗與宇宙共時的真理，生命就是要跟隨一切自然的振動同步共時。紅地球也和水晶礦石的力量有很深的連結。

白鏡
White Mirror

反射－秩序－無盡

純粹、反省的、審判者、明智之劍、合作者、透明的、實務的、靜心的

原型力量：瑜珈士

鏡子透過反射來打破假象，反應真相。看穿面具背後的真面目。要看清事情的真相，就是要勇敢去看！鏡子也是反省的符號，在鏡子面前才能看見自己。要我們透過觀照生活中的人事物來反省看見自己，一切是自己內在的磁吸，外境就像鏡子無止盡的反射，只為了照出自己的真實。

藍風暴
Blue Storm

催化－能量－自然運生

友善的、改變者、心靈解放者、揚升啟動者、極佳的老師
原型力量：世界的改革者

暴風雨是一股非常強大、自然運生的轉化力量，他透過破壞力來迫使自己從根部改變，催化真正的蛻變。生命會因而受到全面性的影響，一切的改變只為了臣服於源頭之力，進而喚醒自己。進入寧靜的核心，看著蛻變發生。

黃太陽
Yellow Sun

開悟－生命－宇宙之火

愛、合一的整體、法喜、基督意識、浪漫的、堅定的、良善意圖的、奉獻的
原型力量：開悟者

太陽就是宇宙之火、那股人類絕對覺醒、覺悟的力量。當這道光自然的照耀著我們時，給我們溫暖燃盡我們的黑暗，而我們心中的心燈也被點亮。存在只會有一個目的，那就是也貢獻自己的光，照亮世界的黑暗。

20 個行星服務波符：找到自己的生命目的

查出自己的波符，即可查到自己此生生命目的與生命 13 個服務力量。

「紅」龍的行星服務波符～紅啟動城堡的人民

Kin1. 紅磁性龍
我的（生命）目的是什麼？
紅龍：滋養，存在，誕生。
啟動全新的開始，為這世界的所有存在帶來滋養。帶著古老的記憶。

Kin2. 白月亮風
我的挑戰是什麼？
白風：傳遞、呼吸、靈性（心靈）。此生課題是，明白我就是靈性的，並使用淨化過的語言溝通。

Kin3. 藍電力夜
什麼是我最好的服務品質？
藍夜：夢境（夢想）、直覺與豐盛。
我為人們帶來了夢想，了解自己是豐盛的。並相信自己的直覺。

Kin4. 黃自我存在種子
我的服務形式是什麼？
黃種子：目標、覺知、開花。
我讓人們有明確目標，覺察力，並讓目標開花結果。

Kin5. 紅超頻蛇
什麼是我內在強化的力量？
紅蛇：生命力、本能與生存。
我有很強的生命力，生存的本能與對生命的熱情。

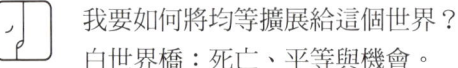

Kin6. 白韻律世界橋
我要如何將均等擴展給這個世界？
白世界橋：死亡、平等與機會。
我是次元間的橋樑，死亡帶來平等與機會，明白死亡即是重生。

Kin7. 藍共振手
我要如何協調自己去服務他人？
藍手：知曉（知道）、治癒、實現成就。
我是宇宙的通道，傳達知曉治癒與實現（實踐）成就的力量。

Kin8. 黃銀河星星
我如何忠於自己的信念（我的信念是什麼）？
黃星星：美、優雅與藝術。
我忠於自己的美感，以藝術優雅塑造世界，為世界帶來美好、和諧與完整。

Kin9. 紅太陽月
我要如何完成我的目的？
紅月：淨化、流動、宇宙之水。
我為了完成全新的啟動，以水元素為人們帶來淨化，情緒的身體的，讓人們的情感與生命得以流動。

Kin10. 白行星狗
我要如何完美顯化？
白狗：愛、忠誠、心。
我顯化無條件的愛，讓人們對自己的心忠誠，回到心。愛自己才懂得愛別人。

Kin11. 藍光譜猴
我要如何放下、放手？
藍猴：玩耍（遊戲的）、幻象、魔法。
我以開心幽默、孩子般天真與遊戲的心情，讓人們融解一切的固著。知道世界是頭腦魔法的幻象。

Kin12. 黃水晶人
我要如何奉獻自己給這個世界？
黃人：影響力、智慧、自由意識。
我讓人們擁有智慧，成為自己的主人，學會選擇自己的自由意識。知道自己是有影響力與無限可能的。

Kin13. 紅宇宙天行者
我要如何分享我的喜悅與愛？
紅天行者：探索、覺醒與空間。
我是覺醒者，穿梭於次元空間，探索，分享愛與喜悅。

此波符人物代表：席琳狄翁 Kin1，火星男孩 Kin3，馮迪索 Kin6，賈斯汀 Kin8，José Argüelles Kin11，奧修 Kin12。

「白」巫師行星服務波符～紅啟動城堡的人民

Kin14. 白磁性巫師
我的（生命）目的是什麼？
白巫師：施魔法、接受（接收）、永恆（無時間）
我啟動了無時間，讓人們懂得接受（一切），施展永恆當下的魔法。

Kin15. 藍月亮鷹
我的挑戰是什麼？
藍鷹：創造、心智、洞察力、視野（願景）
我要有更深的洞察力，看見未來的願景，與帶領人們開創未來。

Kin16. 黃電力戰士
我最好的服務品質是什麼？
黃戰士：詢問（提問）、無懼、智力
善於理解，懂得適當的提問、無懼的解決問題，是我最好的服務品質。

Kin17. 紅自我存在地球
我的服務形式是什麼？
紅地球：進化、共時（宇宙自然法則）、導航
我的存在服務形式是為人們帶來導航，讓人類回到與宇宙自然法則共時，進化。

Kin18. 白超頻鏡
我內在強化的力量是什麼？
白鏡：反射（反映）、秩序、無窮無盡
我讓人們看見真相，誠實面對自己，帶來無窮盡的秩序，是我內在強化的力量。

Kin19. 藍韻律風暴
我要如何將均等擴展給這個世界？
藍風暴：催化、能量、自然運生
我帶來自然運生的能量，組織人們，並讓人們有節奏的蛻變。

Kin20. 黃共振太陽
我要如何歸於中心去服務他人？
黃太陽：開悟、生命、宇宙之火
我是宇宙的通道，傳達了開悟的光芒，為人們燃盡昏憒，照亮黑暗。

Kin21. 紅銀河龍
我如何忠於自己的信念（我的信念是什麼）？
紅龍：滋養，存在，誕生。
我忠於自己的信念，滋養著每個存在，與誕生的生命，帶來整合與和諧。

Kin22. 白太陽風
我要如何完成我的目的？
白風：傳遞、呼吸、靈性（心靈）。
我傳遞著靈性的訊息，以淨化的語言溝通，讓人們進入永恆（無時間）。

Kin23. 藍行星夜
我要如何完美顯化？
藍夜：夢境（夢想）、直覺與豐盛。
我在地球行星以無條件的愛顯化豐盛、夢想與直覺力。並在自己的寧靜中。

Kin24. 黃光譜種子
我要如何放下、放手？
黃種子：目標、覺知、開花。
我協助人們放下執著，釋放出無限潛力的意念種子，並讓種子開花、結果。

Kin25. 紅水晶蛇
我要如何奉獻自己給這個世界？
紅蛇：生命力、本能與生存。
我以我的生命力與熱情奉獻給這個世界。

Kin26. 白宇宙世界橋
我要如何分享我的喜悅與愛？
白世界橋：死亡、平等與機會。
我是宇宙次元間的橋樑，讓人們明白死亡，結束一切舊的，帶來重生。

此波符人物代表：達賴喇嘛 Kin14，尼可拉斯凱吉 Kin19，梅格萊恩、全智賢 Kin20，朵琳芙秋（天使夫人）、蜜雪兒菲佛 Kin21，安潔莉娜裘莉 Kin22，托爾斯泰 Kin24，桂綸鎂 Kin26。

「藍」手的行星服務波符～紅啟動城堡的人民

Kin27. 藍磁性手
我的（生命）目的是什麼？
藍手：知曉（知道）、治癒、實現成就。
我的（生命）目的，開啟了知曉的力量，為人們帶來治癒與實現（實踐）成就。

Kin28. 黃月亮星星
我的挑戰是什麼？
黃星星：美、優雅與藝術。
我的挑戰是如何實現美、優雅與藝術為世界帶來療癒。課題是讓自己發光發亮。

Kin29. 紅電力月
我最好的服務品質是什麼？
紅月：淨化、流動、宇宙之水。
淨化情緒與以情感去流動，是我最好的服務。

Kin30. 白自我存在狗
我的服務形式是什麼
白狗：愛、忠誠、心。
我的存在服務形式，是為了建立一份對心的忠誠，與帶給世界無條件的愛。

Kin31. 藍超頻猴
我內在強化的力量是什麼？
藍猴：玩耍（遊戲的）、幻象、魔法。
我明白頭腦是幻象。以遊戲的心情，像孩子般天真與單純，開心玩耍。

Kin32. 黃韻律人
我要如何將均等擴展給這個世界？
黃人：影響力、智慧、自由意識。
我帶來自由意識，讓人們懂得發揮智慧影響力，為世界帶來平等與平衡。

Kin33. 紅共振天行者
我要如何歸於中心去服務他人？
紅天行者：探索、覺醒與空間。
我是宇宙的通道，帶來覺醒，給自己與別人空間，帶來時空的探索。

Kin34. 白銀河巫師
我如何忠於自己的信念（我的信念是什麼）？
白巫師：施魔法、接受（接收）、永恆（無時間）。
我是白巫師，了解無時間，讓人們進入當下，帶來和諧。

Kin35. 藍太陽鷹
我要如何完成我的目的？
藍鷹：創造、心智、洞察力、視野（願景）。
我帶來完成目的意圖，用敏銳的洞察力，看見願景創造未來，即可完成實現成就。

Kin36. 黃行星戰士
我要如何完美顯化？
黃戰士：詢問（提問）、智力、無懼。
我帶來愛，顯化智力在地球行星，與無懼的面對問題、解決問題。

Kin37. 紅光譜地球
我要如何放下、放手？
紅地球：進化、共時（宇宙自然法則）、導航。
我讓人們懂得放手，並進化，回歸自然宇宙法則。與自然同步共時。

Kin38. 白水晶鏡
我要如何奉獻自己給這個世界？
白鏡：反射（反映）、秩序、無窮無盡。
我奉獻我的清透讓人們看清真相，透過外境的反射看清自己的內在。

Kin39. 藍宇宙風暴
我要如何分享我的喜悅與愛？
藍風暴：催化、能量、自然運生。
我是宇宙的風暴，自然運生的催化力量，為世界帶來蛻變。

此波符人物代表：李棟旭 Kin27，歐普拉 Kin31，張惠妹 Kin33，史蒂芬史匹伯 Kin34，丘揚創巴仁波切 Kin37，班艾佛列克 Kin39。

「黃」太陽行星服務波符～紅啟動城堡的人民

Kin40. 黃磁性太陽
我的（生命）目的是什麼？
黃太陽：開悟、生命、宇宙之火。
我是開悟的太陽，我用我的生命的光燃盡人們的陰霾，溫暖人們心房。

Kin41. 紅月亮龍
我的挑戰是什麼？
紅龍：滋養，存在，誕生。
我的挑戰是清除累世靈魂的沾黏記憶（業）。此生命課題是：憶起自己是誰。

Kin42. 白電力風
我最好的服務品質是什麼？
白風：傳遞、呼吸、靈性（心靈）。
以心靈的傳遞與溝通交流，是我最好的服務品質。

Kin43. 藍自我存在夜
我的服務形式是什麼？
藍夜：夢境（夢想）、直覺與豐盛。
我的存在服務形式是讓人們進入寧靜運用直覺，懂內在豐盛會有外在豐盛。

Kin44. 黃超頻種子
我內在強化的力量是什麼？
黃種子：目標、覺知、開花。
我內在強化的力量來自於我覺知，並相信自己的無限潛能。讓目標開花結果。

Kin45. 紅韻律蛇
我要如何將均等擴展給這個世界？
紅蛇：生命力、本能與生存。
我有毅力，用生命力與熱情，連結組織外面的人事物。帶來公平與平衡。

Kin46. 白共振世界橋
我要如何歸於中心去服務他人？
白世界橋：死亡、平等與機會。
我協調人們結束舊有，擁有新的開始。明白死亡是最大的重生與平等。

Kin47. 藍銀河手
我如何忠於自己的信念（我的信念是什麼）？
藍手：知曉（知道）、治癒、實現成就。
我忠於自己並擁有和諧，用實踐帶來治癒與完整。

Kin48. 黃太陽星星
我要如何完成我的目的？
黃星星：美、優雅與藝術。
我為人們帶來藝術優雅與美，閃耀著星光，傳遞著上天的訊息，為迷途的人指出一個方向。

Kin49. 紅行星月
我要如何完美顯化？
紅月：淨化、流動、宇宙之水。
我用無條件的愛，將淨化顯化，淨化人們情緒，讓人們流動生命與情感。

Kin50. 白光譜狗
我要如何放下、放手？
白狗：愛、忠誠、心。
我用無條件的愛，消融世界上的固執，讓人們懂得放下、放手。

Kin51. 藍水晶猴
我要如何奉獻自己給這個世界？
藍猴：玩耍（遊戲的）、幻象、魔法。
我奉獻快樂開心的心情給這個世界。

Kin52. 黃宇宙人
我要如何分享我的喜悅與愛？
黃人：影響力、智慧、自由意識。
我分享如何成為自由意識的主人，讓人們明白自己的無限可能。

此波符人物代表：德蕾莎修女 Kin40，尼古拉特斯拉、卓別林 Kin43，費玉清、周杰倫、查德維克·博斯曼 Kin45，林青霞 Kin49，莫內 Kin50，。

「紅」天行者行星服務波符 ~ 白淨化城堡的人民

Kin53. 紅磁性天行者
我的（生命）目的是什麼？
紅天行者：探索、覺醒與空間。
我的（生命）目的是帶來覺醒，並能在次元空間中遊移探索。

Kin54. 白月亮巫師
我的挑戰是什麼？
白巫師：施魔法、接受（接收）、永恆（無時間）。
我的挑戰是接受一切，進入無時間永恆的當下。如何無頭腦在當下。

Kin55. 藍電力鷹
我最好的服務品質是什麼？
藍鷹：創造、心智、洞察力、視野（願景）。
更高的視野與洞察力是我的服務品質。

Kin56. 黃自我存在戰士
我的服務形式是什麼？
黃戰士：詢問（提問）、無懼、智力。
我的服務形式是協助人們懂得提問，無懼面對，並理解如何解決問題。

Kin57. 紅超頻地球
我內在強化的力量是什麼？
紅地球：進化、共時（宇宙自然法則）、導航。
我帶來進化與宇宙自然法則，導航人們進入自然與共時是我內在強化的力量。

Kin58. 白韻律鏡
我要如何將均等擴展給這個世界？
白鏡：反射（反映）、秩序、無窮無盡。
我讓人們看見真相，看見自己，明白真正的公平，帶來內在無窮盡的秩序。

Kin59. 藍共振風暴
我要如何歸於中心去服務他人？
藍風暴：催化、能量、自然運生。
我是宇宙通道，傳遞蛻變的能量，協調人們歸於中心，催化蛻變。

Just Living in the Law of Time

Kin60. 黃銀河太陽
我如何忠於自己的信念（我的信念是什麼）？
黃太陽：開悟、生命、宇宙之火。
我帶來開悟溫暖陽光照亮心中的黑暗，讓人們懂得忠於自己，並和諧與完整。

Kin61. 紅太陽龍
我要如何完成我的目的？
紅龍：滋養，存在，誕生。
為了完成覺醒的任務，我要憶起自己是誰。

Kin62. 白行星風
我要如何完美顯化？
白風：傳遞、呼吸、靈性（心靈）。
我將靈性（心靈）在地球顯化，透過呼吸氣息，用愛與淨化過的語言來溝通傳遞訊息。

Kin63. 藍光譜夜
我要如何放下、放手？
藍夜：夢境（夢想）、直覺與豐盛。
我能消融執著，釋放出直覺與夢想，帶來豐盛。

Kin64. 黃水晶種子
我要如何奉獻自己給這個世界？
黃種子：目標、覺知、開花。
我奉獻協助人們懂得覺知的種下目標的種子，並開花結果。

Kin65. 紅宇宙蛇
我要如何分享我的喜悅與愛？
紅蛇：生命力、本能與生存。
我以生命的熱情分享喜悅與愛，為人們帶來生命力。

此波符人物代表：瑞絲薇斯朋 Kin53，秦漢 Kin56，史恩康納萊、珍妮佛安妮斯頓 Kin59，馬雅 Pacal Votan 國王、超人 - 克里斯多夫·李維 Kin60，馬克吐溫 Kin61，Ana 老師 kin62，瑞奇馬丁 Kin65。

47

「白」世界橋行星服務波符 ~ 白淨化城堡的人民

Kin66. 白磁性世界橋
我的（生命）目的是什麼？
白世界橋：死亡、平等與機會。
我是協助人們進入次元間的橋樑，讓人們了解死亡就是重生，不執著。

Kin67. 藍月亮手
我的挑戰是什麼？
藍手：知曉（知道）、治癒、實現成就。
我的挑戰是實現，治癒與知曉。此生命課題是： 我可願意實踐與療癒？

Kin68. 黃電力星星
我最好的服務品質是什麼？
黃星星：美、優雅與藝術。
我的服務品質是，激活並讓人們連結優雅藝術與美。

Kin69. 紅自我存在月
我的服務形式是什麼？
紅月：淨化、流動、宇宙之水。
我的服務形式是為人們帶來宇宙之水的淨化，淨化情緒，淨化身體，流動起來。

Kin70. 白超頻狗
我內在強化的力量是什麼？
白狗：愛、忠誠、心。
愛，對自己的心忠誠，是我強化的內在力量。

Kin71. 藍韻律猴
我要如何將均等擴展給這個世界？
藍猴：玩耍（遊戲的）、幻象、魔法。
用開心孩童般的天真心情去組織人事物。遊戲，一切是幻象，別太認真。

Kin72. 黃共振人
我要如何歸於中心去服務他人？
黃人：影響力、智慧、自由意識。
我是通道，傳遞宇宙的訊息，讓人們成為自己，成為自由意識的主人。

Kin73. 紅銀河天行者
我如何忠於自己的信念（我的信念是什麼）？
紅天行者：探索、覺醒與空間。
我協助人們能在次元空間探索，帶來覺醒，和諧與完整。

Kin74. 白太陽巫師
我要如何完成我的目的？
白巫師：施魔法、接受（接收）、永恆（無時間）。
我帶來無時間永恆的力量。活在每個片刻，是讓自己重生的方法。

Kin75. 藍行星鷹
我要如何完美顯化？
藍鷹：創造、心智、洞察力、視野（願景）。
我帶著愛顯化更高視野，看見願景，創造未來。

Kin76. 黃光譜戰士
我要如何放下、放手？
黃戰士：詢問（提問）、無懼、智力。
我帶來無懼，面對問題，解決問題，融解放不下的執著。

Kin77. 紅水晶地球
我要如何奉獻自己給這個世界？
紅地球：進化、共時（宇宙自然法則）、導航。
我帶來水晶清晰的能量，我奉獻導航的力量，引領人們進化，進入自然法則，與自然同步共時。

Kin78. 白宇宙鏡
我要如何分享我的喜悅與愛？
白鏡：反射（反映）、秩序、無窮無盡。
我帶著喜悅與愛分享宇宙最大的真相：一切是自己內在的投射（反映）。

此波符人物代表：強尼戴普 Kin67，女神卡卡 Kin69，瑪麗蓮夢露、安東尼奧·班德拉斯 Kin74，珍古德 Kin75，李奧納多 Kin77，紀樊西、舒淇、言承旭 Kin78。

「藍」風暴的行星服務波符～白淨化城堡的人民

Kin79. 藍磁性風暴
我的（生命）目的是什麼？
藍風暴：催化、能量、自然運生。
我的（生命）目的是為世界帶來催化與蛻變，用我自然運生強大的能量。

Kin80. 黃月亮太陽
我的挑戰是什麼？
黃太陽：開悟、生命、宇宙之火。
我的挑戰是，能否為世界為人們發光發亮？生命課題是：開悟，燃盡陰霾。

Kin81. 紅電力龍
我最好的服務品質是什麼？
紅龍：滋養，存在，誕生。
滋養、讓人們啟動新開始是我的服務品質。

Kin82. 白自我存在風
我的服務形式是什麼？
白風：傳遞、呼吸、靈性（心靈）。
我的服務形式是傳遞，好好的呼吸（氣息），淨化靈性，帶來好的溝通與交流。

Kin83. 藍超頻夜
我內在強化的力量是什麼？
藍夜：夢境（夢想）、直覺與豐盛。
直覺力，夢想與豐盛是我內在強化的力量。

Kin84. 黃韻律種子
我要如何將均等擴展給這個世界？
黃種子：目標、覺知、開花。
我帶來平衡，有節奏的去組織，有目標，並讓目標開花結果。

Kin85. 紅共振蛇
我要如何歸於中心去服務他人？
紅蛇：生命力、本能與生存。
我是宇宙的通道，傳導生命力，生命熱情，讓人們活起來。

Just Living in the Law of Time

Kin86. 白銀河世界橋
我如何忠於自己的信念（我的信念是什麼）？
白世界橋：死亡、平等與機會。
我是和諧的能量，帶來平等與機會，讓人們明白死亡（去掉陳舊）即重生。

Kin87. 藍太陽手
我要如何完成我的目的？
藍手：知曉（知道）、治癒、實現成就。
完成蛻變的方法，就是知曉就去實踐、實現成就與治癒。

Kin88. 黃行星星星
我要如何完美顯化？
黃星星：美、優雅與藝術。
我用愛顯化藝術優雅與美在地球。

Kin89. 紅光譜月
我要如何放下、放手？
紅月：淨化、流動、宇宙之水。
我帶來水的元素，讓人們淨化情緒，放下執著。流動起來。

Kin90. 白水晶狗
我要如何奉獻自己給這個世界？
白狗：愛、忠誠、心。
我奉獻無條件的愛，讓人們明白對自己的心忠誠。愛自己，愛別人。

Kin91. 藍宇宙猴
我要如何分享我的喜悅與愛？
藍猴：玩耍（遊戲的）、幻象、魔法。
我用開心天真的能量去分享喜悅與愛。讓人們知道一切都是頭腦的幻象。

此波符人物代表：Katarina（智利星際馬雅旅人）、金凱瑞 Kin79，伊能靜 Kin80、李欣頻 Kin85、莎朗史東、莎莉賽隆 Kin86，伊麗莎白泰勒 Kin90。

「黃」人的行星服務波符～白淨化城堡的人民

Kin92. 黃磁性人
我的（生命）目的是什麼？
黃人：影響力、智慧、自由意識。
我的（生命）目的是讓人們學習成為自己自由意識的主人，知道自己有無限可能。

Kin93. 紅月亮天行者
我的挑戰是什麼？
紅天行者：探索、覺醒與空間。
我的挑戰是探索，行旅次元空間，覺醒。生命課題是：讓自己覺醒。

Kin94. 白電力巫師
我最好的服務品質是什麼？
白巫師：施魔法、接受（接收）、永恆（無時間）。
我讓人們了解無時間是時間的真相，接受一切，沒有頭腦，了然於心。

Kin95. 藍自我存在鷹
我的服務形式是什麼？
藍鷹：創造、心智、洞察力、視野（願景）。
我的服務形式是建立願景，擁有更高的視野跟洞察力。

Kin96. 黃超頻戰士
我內在強化的力量是什麼？
黃戰士：詢問（提問）、無懼、智力。
無懼與理解，懂得以智力解決問題，是我強化的內在力量。

Kin97. 紅韻律地球
我要如何將均等擴展給這個世界？
紅地球：進化、共時（宇宙自然法則）、導航。
我帶來導航與自然共時，讓人們回到自然的韻律。

Kin98. 白共振鏡
我要如何歸於中心去服務他人？
白鏡：反射（反映）、秩序、無窮無盡。
我是通道，我傳達真相，外境反射我們的內在，讓我們看見自己。帶來秩序。

Kin99. 藍銀河風暴
我如何忠於自己的信念（我的信念是什麼）？
藍風暴：催化、能量、自然運生。
我帶來和諧的音頻，催化蛻變發生。

Kin100. 黃太陽太陽
我要如何完成我的目的？
黃太陽：開悟、生命、宇宙之火。
我帶來光明，燃盡所有的陰霾，讓人們成為自己自由意識的主人。

Kin101. 紅行星龍
我要如何完美顯化？
紅龍：滋養，存在，誕生。
我將愛顯化在地球，滋養一切的存在，顯化古老的記憶。

Kin102. 白光譜風
我要如何放下、放手？
白風：傳遞、呼吸、靈性（心靈）。
我用淨化的語言，靈性心靈的溝通，讓人們放下執著。

Kin103. 藍水晶夜
我要如何奉獻自己給這個世界？
藍夜：夢境（夢想）、直覺與豐盛。
我在合作中奉獻我的直覺，夢想，帶來豐盛。

Kin104. 黃宇宙種子
我要如何分享我的喜悅與愛？
黃種子：目標、覺知、開花。
我帶著覺知，用好的意念去分享喜悅跟愛。就會開出好花結好果。

此波符人物代表：林志玲、貓王Kin95，史嘉雷喬韓森Kin98，奧黛麗‧赫本Kin101，丹佐華盛頓Kin104。

「紅」蛇的行星服務波符～藍蛻變城堡的人民

Kin105. 紅磁性蛇
我的（生命）目的是什麼？
紅蛇：生命力、本能與生存。
我的（生命）目的是讓人們活出生命力，生命的本能力量，活出生命的熱情。

Kin106. 白月亮世界橋
我的挑戰是什麼？
白世界橋：死亡、平等與機會。
我的挑戰是認識了解死亡的真相，死是另一種重生。生命課題是：結束舊的。

Kin107. 藍電力手
我最好的服務品質是什麼？
藍手：知曉（知道）、治癒、實現成就。
我知道如何去實現成就與治癒，是我最好的服務品質。

Kin108. 黃自我存在的星星
我的服務形式是什麼？
黃星星：美、優雅與藝術。
我的服務形式是讓世界變成藝術優雅與美。閃爍的星光指引人們方向。

Kin109. 紅超頻月
我內在強化的力量是什麼？
紅月：淨化、流動、宇宙之水。
情緒的淨化，情感的流動是我內在強化的力量。

Kin110. 白韻律狗
我要如何將均等擴展給這個世界？
白狗：愛、忠誠、心。
我用心與愛，去組織人事物，讓愛均等平衡，對自己與別人忠誠。

Kin111. 藍共振猴
我要如何歸於中心去服務他人？
藍猴：玩耍（遊戲的）、幻象、魔法。
我是宇宙的管道，傳導快樂天真，讓人們知道一切是幻象，遊戲般心情生活。

Just Living in the Law of Time

Kin112. 黃銀河人
我如何忠於自己的信念（我的信念是什麼）？
黃人：影響力、智慧、自由意識。
我讓人們忠於自己，為自己的自由意識負責，有智慧，發揮影響力，為世界帶來和諧與完整。

Kin113. 紅太陽天行者
我要如何完成我的目的？
紅天行者：探索、覺醒與空間。
我帶來覺醒，探索次元空間，以此完成生命目的～活出生命力與熱情。

Kin114. 白行星巫師
我要如何完美顯化？
白巫師：施魔法、接受（接收）、永恆（無時間）。
我用愛在行星地球顯化無時間，讓人們學習活在當下的永恆。

Kin115. 藍光譜鷹
我要如何放下、放手？
藍鷹：創造、心智、洞察力、視野（願景）。
我讓人們有更深的洞察力跟寬廣視野，融解執著。

Kin116. 黃水晶戰士
我要如何奉獻自己給這個世界？
黃戰士：詢問（提問）、無懼、智力。
我在合作中奉獻我的無懼，以智慧解決問題。

Kin117. 紅宇宙地球
我要如何分享我的喜悅與愛？
紅地球：進化、共時（宇宙自然法則）、導航。
我以喜悅與愛分享宇宙自然法則，為人們導航，協助人們進化，回到自然。

此波符人物代表：眭澔平、凱文克萊 Kin105，茱莉亞羅勃茲 Kin108，羅素克洛、珍妮佛勞倫茲 Kin109，克里斯潘恩、夏奇拉 Kin110，約翰藍儂 Kin114，勞勃狄尼洛 Kin116。

「白」鏡子的行星服務波符 ~ 藍蛻變城堡的人民

Kin118. 白磁性鏡
我的（生命）目的是什麼？
白鏡：反射（反映）、秩序、無窮無盡。
我的（生命）目的是讓人們看清真相：外境是我們自己內在的投射與反映。

Kin119. 藍月亮風暴
我的挑戰是什麼？
藍風暴：催化、能量、自然運生。
我的挑戰是運用自然運生強大能量催化世界。生命課題：我是否要蛻變、改變。

Kin120. 黃電力太陽
我最好的服務品質是什麼？
黃太陽：開悟、生命、宇宙之火。
我的服務品質是帶來開悟的光，照亮陰暗，溫暖世界與人們。

Kin121. 紅自我存在龍
我的服務形式是什麼？
紅龍：滋養，存在，誕生。
我是打開宇宙中柱（打開次元空間）20 天的能量。
我的服務形式，是滋養誕生在此存在的一切。並讓人們憶起自己是誰。

Kin122. 白超頻風
我內在強化的力量是什麼？
白風：傳遞、呼吸、靈性（心靈）。
每個呼吸（氣息），傳遞讓人們明白我們是靈性，是我內在強化的力量。

Kin123. 藍韻律夜
我要如何將均等擴展給這個世界？
藍夜：夢境（夢想）、直覺與豐盛。
我以直覺力夢想去組織，帶來豐盛的平等與均衡。

Kin124. 黃共振種子
我要如何歸於中心去服務他人？
黃種子：目標、覺知、開花。
我是宇宙的通道，傳達每個意念是一個種子，都會開花結果。

Just Living in the Law of Time

Kin125. 紅銀河蛇
我如何忠於自己的信念（我的信念是什麼）？
紅蛇：生命力、本能與生存。
我帶來生命力，帶來和諧。讓人們因忠於自己的熱忱而完整。

Kin126. 白太陽世界橋
我要如何完成我的目的？
白世界橋：死亡、平等與機會。
我帶來最大的機會，就是死亡。了解死亡是重生。就能看清真相。我是世界與跨次元空間的橋樑。

Kin127. 藍行星手
我要如何完美顯化？
藍手：知曉（知道）、治癒、實現成就。
我用愛顯化實踐與治癒在行星地球。

Kin128. 黃光譜星星
我要如何放下、放手？
黃星星：美、優雅與藝術。
我用藝術與美的力量，讓人們融解與釋放陳舊，懂得放下。

Kin129. 紅水晶月
我要如何奉獻自己給這個世界？
紅月：淨化、流動、宇宙之水。
我在合作中奉獻我淨化的力量，為人們的生命與情感帶來流動。

Kin130. 白宇宙狗
我要如何分享我的喜悅與愛？
白狗：愛、忠誠、心。
我用喜悅與愛分享宇宙無條件的愛給這個世界。讓人們忠誠於自己的心。

此波符人物代表：張雨生 Kin120，牛頓、張小燕、陳喬恩 Kin121，茱蒂福斯特、凱文柯斯納 Kin125，惠妮休斯頓 Kin128，鳳飛飛 Kin129，蔡依林 Kin130。

「藍」猴的行星服務波符～藍蛻變城堡的人民

Kin131 藍磁性猴
我的（生命）目的是什麼？
藍猴：玩耍（遊戲的）、幻象、魔法。
我的（生命）目的是清楚頭腦是幻象，以遊戲單純的心看待世間的一切。

Kin132 黃月亮人
我的挑戰是什麼？
黃人：影響力、智慧、自由意識。
我的挑戰是如何有智慧的選擇自由意識，此生命課題：挑戰小我。

Kin133 紅電力天行者
我最好的服務品質是什麼？
紅天行者：探索、覺醒與空間。
我的服務品質是帶來覺醒的能量，可以不被時空次元限制，穿梭在時空中。

Kin134. 白自我存在巫師
我的服務形式是什麼？
白巫師：施魔法、接受（接收）、永恆（無時間）。
我的服務形式是協助人們活在無時間的當下，進入內在的永恆，接受一切。

Kin135. 藍超頻鷹
我內在強化的力量是什麼？
藍鷹：創造、心智、洞察力、視野（願景）。
我擁有看穿一切的洞見，看見願景，創造未來。這是我內在強化的力量。

Kin136. 黃韻律戰士
我要如何將均等擴展給這個世界？
黃戰士：詢問（提問）、無懼、智力。
我擁有毅力善於組織，讓人們懂得詢問，是運用智力尋求問題的解決。

Kin137. 紅共振地球
我要如何歸於中心去服務他人？
紅地球：進化、共時（宇宙自然法則）、導航。
我是宇宙的通道，擁有導航的力量，傳遞共時自然法則。以自然與人們共振。

Kin138. 白銀河鏡
我如何忠於自己的信念（我的信念是什麼）？
白鏡：反射（反映）、秩序、無窮無盡。
我讓人們透過投射看清真相，帶來完整與和諧的秩序。

Kin139. 藍太陽風暴
我要如何完成我的目的？
藍風暴：催化、能量、自然運生。
我擁有蛻變的力量，蛻變人們，讓人們完成目的——看清頭腦幻象。

Kin140. 黃行星太陽
我要如何完美顯化？
黃太陽：開悟、生命、宇宙之火。
我用無條件的愛，將開悟的太陽光芒顯化，消融一切黑暗，帶來光明與溫暖。

Kin141. 紅光譜龍
我要如何放下、放手？
紅龍：滋養，存在，誕生。
我融解了錯誤的沾黏（業力），帶來滋養與新的誕生。讓人們憶起自己是誰。

Kin142. 白水晶風
我要如何奉獻自己給這個世界？
白風：傳遞、呼吸、靈性（心靈）。
我奉獻傳遞靈性的訊息，以淨化的語言溝通。讓人們明白靈性（心靈）的自由。

Kin143. 藍宇宙夜
我要如何分享我的喜悅與愛？
藍夜：夢境（夢想）、直覺與豐盛。
我分享宇宙最大的豐盛，與夢想，相信直覺，進入寧靜。

此波符人物代表：釋迦牟尼佛 Kin131，布萊德利古柏、芮妮齊薇格 Kin132，馬克盧法洛 Kin133，安海瑟威 Kin138，戴安娜王妃 Kin139，克里斯伊凡 Kin141，安東尼霍普金斯 Kin142，麥克傑克森、麥克戴蒙 Kin143。

「黃」種子行星服務波符～藍蛻變城堡的人民

Kin144. 黃磁性種子
我的（生命）目的是什麼？
黃種子：目標、覺知、開花。
我的（生命）目的是讓人們知道自己有無限潛能，帶著覺知讓自己開花結果。

Kin145. 紅月亮蛇
我的挑戰是什麼？
紅蛇：生命力、本能與生存。
我的挑戰是如何生存活下去、活出生命力、生命的熱情。

Kin146. 白電力世界橋
我最好的服務品質是什麼？
白世界橋：死亡、平等與機會。
我的服務品質，是協助人們跨越死亡與結束陳舊，啟動重生與新開始。

Kin147. 藍自我存在手
我的服務形式是什麼？
藍手：知曉（知道）、治癒、實現成就。
我的服務形式是知道如何去實現成就，透過實踐帶來治癒。

Kin148. 黃超頻星星
我內在強化的力量是什麼？
黃星星：美、優雅與藝術。
藝術優雅與美是我內在強化的力量。

Kin149. 紅韻律月
我要如何將均等擴展給這個世界？
紅月：淨化、流動、宇宙之水。
我運用淨化與流動的情感去組織與平衡一切。

Kin150. 白共振狗
我要如何歸於中心去服務他人？
白狗：愛、忠誠、心。
我傳遞宇宙的訊息，用愛與人們共振。讓每個人學會愛自己，忠誠自己的心。

Kin151. 藍銀河猴
我如何忠於自己的信念（我的信念是什麼）？
藍猴：玩耍（遊戲的）、幻象、魔法。
我讓人們擁有天真孩童般單純遊戲的輕鬆心情，帶來和諧與完整。明白一切是幻象。

Kin152. 黃太陽人
我要如何完成我的目的？
黃人：影響力、智慧、自由意識。
我讓人們懂得運用智慧選擇自由意識，讓事情開花結果。

Kin153. 紅行星天行者
我要如何完美顯化？
紅天行者：探索、覺醒與空間。
我帶著愛，讓人們懂得在次元空間探索四處行旅，將覺醒顯化。

Kin154. 白光譜巫師
我要如何放下、放手？
白巫師：施魔法、接受（接收）、永恆（無時間）。
我運用真實的時間——無時間，讓世人在活在當下的永恆中，即能融解固著。

Kin155. 藍水晶鷹
我要如何奉獻自己給這個世界？
藍鷹：創造、心智、洞察力、視野（願景）。
我在合作中奉獻我的洞察力與視野，並開創未來願景。

Kin156. 黃宇宙戰士
我要如何分享我的喜悅與愛？
黃戰士：詢問（提問）、無懼、智力。
我帶著喜悅與愛分享著無懼，懂得提問，運用智力解決問題。

此波符人物代表：張學友 Kin148，羅賓威廉斯 Kin149，凱特布蘭琪 Kin151，胡利歐 Kin153，劉詩詩、郭富城 Kin156。

「紅」地球行星服務波符～黃收成城堡的人民

Kin157. 紅磁性地球
我的（生命）目的是什麼？
紅地球：進化、共時（宇宙自然法則）、導航。
我的（生命）目的是為地球人們帶來進化的力量，導航人們進入宇宙自然法則。

Kin158. 白月亮鏡
我的挑戰是什麼？
白鏡：反射（反映）、秩序、無窮無盡。
我的挑戰是破除幻象看清真相，明白外在世界是自己內在的反映。

Kin159. 藍電力風暴
我最好的服務品質是什麼？
藍風暴：催化、能量、自然運生。
我是溫和的風暴，我的服務品質是帶來溫和的破壞與蛻變。

Kin160. 黃自我存在太陽
我的服務形式是什麼？
黃太陽：開悟、生命、宇宙之火。
我存在服務形式，是為了照亮這世界與每個人的心。我是耶穌的印記。

Kin161. 紅超頻龍
我內在強化的力量是什麼？
紅龍：滋養，存在，誕生。
喚醒人們古老的記憶，憶起自己是誰，為人們滋養，是我強化的內在力量。

Kin162. 白韻律風
我要如何將均等擴展給這個世界？
白風：傳遞、呼吸、靈性（心靈）。
我懂得用淨化與心靈的言語溝通與組織，並帶來平衡與平等（公平）。

Kin163. 藍共振夜
我要如何歸於中心去服務他人？
藍夜：夢境（夢想）、直覺與豐盛。
我是宇宙的通道，帶來直覺與夢想（夢境），傳達豐盛的訊息。

Kin164. 黃銀河種子
我如何忠於自己的信念（我的信念是什麼）？
黃種子：目標、覺知、開花。
我帶來覺知，讓人們種下一顆和諧的種子，為世界塑造和平。

Kin165. 紅太陽蛇
我要如何完成我的目的？
紅蛇：生命力、本能與生存。
我用生命力與熱情，讓人們啟動生命本能，去完成生命的目的。

Kin166. 白行星世界橋
我要如何完美顯化？
白世界橋：死亡、平等與機會。
我是世界與跨次元的橋樑，我用愛顯化，讓人們明白死亡是另一個重生。

Kin167. 藍光譜手
我要如何放下、放手？
藍手：知曉（知道）、治癒、實現成就。
我帶來知曉，了解如何去實踐的力量，帶來療癒，讓人們能放下執著。

Kin168. 黃水晶星星
我要如何奉獻自己給這個世界？
黃星星：美、優雅與藝術。
我是清晰的，在合作中奉獻我的優雅、藝術與美。

Kin169. 紅宇宙月
我要如何分享我的喜悅與愛？
紅月：淨化、流動、宇宙之水。
我帶著愛與喜悅分享淨化的力量，淨化情緒，讓人們的生命與情感流動起來。

此波符人物代表：耶穌、達爾文 Kin160，昆凌 Kin161，賈伯斯 Kin162，李小龍、凱倫卡本特 Kin163，吳奇隆 Kin166，朗嘎拉姆（小鄧麗君）Kin167，劉若英 Kin169。

「白」狗的行星服務波符～黃收成城堡的人民

Kin170. 白磁性狗
我的（生命）目的是什麼？
白狗：愛、忠誠、心。
我的生命目的是帶來無條件的愛，讓人們懂得愛自己才懂得如何愛身邊的人。

Kin171. 藍月亮猴
我的挑戰是什麼？
藍猴：玩耍（遊戲的）、幻象、魔法。
我的挑戰是看清頭腦的幻象，單純的以開心遊戲的心情面對生活。

Kin172. 黃電力人
我最好的服務品質是什麼？
黃人：影響力、智慧、自由意識。
我的服務品質，以溫和的方式去連結別人，讓人們成為自己意識心的主人。

Kin173. 紅自我存在天行者
我的服務形式是什麼？
紅天行者：探索、覺醒與空間。
讓人們覺醒，並能在次元空間探索行旅是我的服務形式。

Kin174. 白超頻巫師
我內在強化的力量是什麼？
白巫師：施魔法、接受（接收）、永恆（無時間）。
明白無時間，回到心的永恆是我內在強大的力量。

Kin175. 藍韻律鷹
我要如何將均等擴展給這個世界？
藍鷹：創造、心智、洞察力、視野（願景）。
我有更高的視野與洞察力，能有節奏的去組織，並開創未來。

Kin176. 黃共振戰士
我要如何歸於中心去服務他人？
黃戰士：詢問（提問）、無懼、智力。
我是宇宙的通道，我傳達用智慧提問，讓人們無懼的面對與解決生命的問題。

Kin177. 紅銀河地球
我如何忠於自己的信念（我的信念是什麼）？
紅地球：進化、共時（宇宙自然法則）、導航。
我擁有宇宙自然法則的導航力，讓人們進化，回到和諧，帶來生命的完整。

Kin178. 白太陽鏡
我要如何完成我的目的？
白鏡：反射（反映）、秩序、無窮無盡。
我能讓人們透過外境看清自己的內在，建立無窮無盡的秩序，完成學會愛自己，忠誠自己的心。

Kin179. 藍行星風暴
我要如何完美顯化？
藍風暴：催化、能量、自然運生。
我將愛顯化在這個世界，帶來催化，讓人們蛻變。

Kin180. 黃光譜太陽
我要如何放下、放手？
黃太陽：開悟、生命、宇宙之火。
我帶來溫暖開悟光芒，將世人心中的黑暗消融，照亮生命，放下執著。

Kin181. 紅水晶龍
我要如何奉獻自己給這個世界？
紅龍：滋養，存在，誕生。
我在合作中奉獻古老的知識，為人們帶來滋養與新的誕生。憶起自己是誰。

Kin182. 白宇宙風
我要如何分享我的喜悅與愛？
白風：傳遞、呼吸、靈性（心靈）。
我用愛與喜悅分享傳遞著心靈的訊息，透過每一個呼吸氣息，讓人們了解我們是靈性的。

此波符人物代表：梅莉史翠普 Kin170，班奈狄克·康柏拜區 Kin172，唐綺陽 Kin174，畢卡索 Kin175，達文西 Kin177，尼采、華晨宇 Kin180。

「藍」夜的行星服務波符～黃色收成城堡人民

Kin183. 藍磁性夜
我的（生命）目的是什麼？
藍夜：夢境（夢想）、直覺與豐盛。
我的（生命）目的是讓人們擁有直覺的力量、夢想與豐盛。

Kin184. 黃月亮種子
我的挑戰是什麼？
黃種子：目標、覺知、開花。
我的挑戰是帶著覺知，有目標，讓這個夢想開花結果，相信自己的潛力。

Kin185. 紅電力蛇
我最好的服務品質是什麼？
紅蛇：生命力、本能與生存。
我的服務品質是激活生命力與熱情，讓人們活出生命力與重新燃起生存能力。

Kin186. 白自我存在世界橋
我的服務形式是什麼？
白世界橋：死亡、平等與機會。
我是世界次元的橋樑，讓人們放下執著，舊的結束、迎接新的開始。

Kin187. 藍超頻手
我內在強化的力量是什麼？
藍手：知曉（知道）、治癒、實現成就。
知道如何實現成就與如何治療帶來療癒，是我內在強化的力量。

Kin188. 黃韻律星星
我要如何將均等擴展給這個世界？
黃星星：美、優雅與藝術。
我以藝術優雅跟美去組織，並帶來平等（公平）與平衡。

Kin189. 紅共振月
我要如何歸於中心去服務他人？
紅月：淨化、流動、宇宙之水。
我是宇宙的通道，我帶來淨化，讓人們的情感生命流動起來。

Just Living in the Law of Time

Kin190. 白銀河狗
我如何忠於自己的信念（我的信念是什麼）？
白狗：愛、忠誠、心。
我帶來無條件的愛，忠誠於心，讓人們回到與心的連結，重塑完整並回歸和諧。

Kin191. 藍太陽猴
我要如何完成我的目的？
藍猴：玩耍（遊戲的）、幻象、魔法。
玩起來，開心快樂是能讓我們豐盛的魔法，並明白一切是頭腦所創造的幻象，是完成目的的方法。

Kin192. 黃行星人
我要如何完美顯化？
黃人：影響力、智慧、自由意識。
我將愛顯化在地球，愛，讓人們成為自由意識的主人，做自己。

Kin193. 紅光譜天行者
我要如何放下、放手？
紅天行者：探索、覺醒與空間。
我帶來融解，讓人們放下執著，覺醒，能在次元時空中探索。

Kin194. 白水晶巫師
我要如何奉獻自己給這個世界？
白巫師：施魔法、接受（接收）、永恆（無時間）。
我是馬雅消失的第一世代，我奉獻無時間，讓人們進入永恆，回到心，帶來無侷限。

Kin195. 藍宇宙鷹
我要如何分享我的喜悅與愛？
藍鷹：創造、心智、洞察力、視野（願景）。
我是馬雅消失的第二世代，我帶著喜悅與愛分享更高視野與洞察力給人們。

此波符人物代表：RQ Stephanie South Kin185，鄧麗君、伍佰 Kin186，艾倫（美國艾倫秀）Kin188、默罕默德、瑞秋懷茲、茱莉安摩爾、摩根費里曼 Kin189，梅豔芳、阿米爾罕 Kin190，班史提勒 Kin191，甘地 Kin192。

「黃」戰士行星服務波符～黃收成城堡的人民

Kin196. 黃磁性戰士
我的（生命）目的是什麼？
黃戰士：詢問（提問）、無懼、智力。
我是馬雅消失的第三世代。我的生命目的是，讓人們無懼勇敢的解決問題。

Kin197. 紅月亮地球
我的挑戰是什麼？
紅地球：進化、共時（宇宙自然法則）、導航。
我是馬雅消失的第四世代。我的挑戰是進化、回到宇宙的自然法則。

Kin198. 白電力鏡
我最好的服務品質是什麼？
白鏡：反射（反映）、秩序、無窮無盡。
我是馬雅消失的第五世代。我的服務品質是讓人們看見真相重建秩序。

Kin199. 藍自我存在的風暴
我的服務形式是什麼？
藍風暴：催化、能量、自然運生。
我是馬雅消失的第六世代。我存在服務形式是帶來催化世界與人們的蛻變能量。

Kin200. 黃超頻太陽
我內在強化的力量是什麼？
黃太陽：開悟、生命、宇宙之火。
我是馬雅消失的第七世代。開悟之火照亮生命，是我內在強化的力量。

Kin201. 紅韻律龍
我要如何將均等擴展給這個世界？
紅龍：滋養，存在，誕生。
我是馬雅神祕月分的能量。我帶來平衡與公平，滋養這個世界，啟動新的誕生。

Kin202. 白共振風
我要如何歸於中心去服務他人？
白風：傳遞、呼吸、靈性（心靈）。
我是星際馬雅第一個回歸的能量。我是宇宙的通道，傳達風的呼吸，自由氣息，淨化心靈。

Kin203. 藍銀河夜
我如何忠於自己的信念（我的信念是什麼）？
藍夜：夢境（夢想）、直覺與豐盛。
我是星際馬雅第二個回歸的能量。我擁有整合、和諧與直覺，重塑夢想與豐盛。

Kin204. 黃太陽種子
我要如何完成我的目的？
黃種子：目標、覺知、開花。
我是星際馬雅第三個回歸的能量。我讓人們帶著覺知，擁有目標並讓目標開花結果。

Kin205. 紅行星蛇
我要如何完美顯化？
紅蛇：生命力、本能與生存。
我是星際馬雅第四個回歸的能量。將生命力對生命的熱情顯化在行星地球上。

Kin206. 白光譜世界橋
我要如何放下、放手？
白世界橋：死亡、平等與機會。
我是星際馬雅第五個回歸的能量。我帶來融解的力量，讓人們放下得以重生。

Kin207. 藍水晶手
我要如何奉獻自己給這個世界？
藍手：知曉（知道）、治癒、實現成就。
我是星際馬雅第六個回歸的能量也是末日當天能量。奉獻我所知曉，帶來療癒。

Kin208. 黃宇宙星星
我要如何分享我的喜悅與愛？
黃星星：美、優雅與藝術。
我是星際馬雅第七個回歸的能量末日後的第一天。分享藝術優雅與美給這個世界。

此波符人物代表：休傑克曼 Kin197，大前研一 Kin199，小嫻 Kin200，金城武、江惠 Kin201，宮崎駿 Kin202，露易絲賀 Kin203，陳昇 Kin204，劉以豪 Kin206，張國榮 Kin207，瑪麗亞凱莉、周子瑜 Kin208。

「紅」月的行星服務波符～綠色魔法城堡人民

Kin209. 紅磁性月
我的（生命）目的是什麼？
紅月：淨化、流動、宇宙之水。
我的（生命）目的是帶來淨化，用水的元素淨化情緒，生命與情感得以流動。

Kin210. 白月亮狗
我的挑戰是什麼？
白狗：愛、忠誠、心。
我的挑戰是對愛、對自己的心忠誠，與自己的心連結，無條件愛自己與別人。

Kin211. 藍電力猴
我最好的服務品質是什麼？
藍猴：玩耍（遊戲的）、幻象、魔法。
我帶來遊戲的品質，讓人們能開心的連結人事物。

Kin212. 黃自我存在人
我的服務形式是什麼？
黃人：影響力、智慧、自由意識。
我的存在是讓人們會運用自己的自由意識，為自己的選擇負責。

Kin213. 紅超頻天行者
我內在強化的力量是什麼？
紅天行者：探索、覺醒與空間。
覺醒與在次元空間探索是我內在強大的力量。

Kin214. 白韻律巫師
我要如何將均等擴展給這個世界？
白巫師：施魔法、接受（接收）、永恆（無時間）。
我讓人們能在無時間不被侷限用心去組織，為世界帶來均等。

Kin215. 藍共振鷹
我要如何歸於中心去服務他人？
藍鷹：創造、心智、洞察力、視野（願景）。
我是宇宙的通道，我傳達更寬廣與更高的視野，看見未來願景，並去開創。

Kin216. 黃銀河戰士
我如何忠於自己的信念（我的信念是什麼）？
黃戰士：詢問（提問）、無懼、智力。預言重啟的倒數 216 天
我以和諧的方式，勇敢無懼的面對問題解決問題，帶來重塑。

Kin217. 紅太陽地球
我要如何完成我的目的？
紅地球：進化、共時（宇宙自然法則）、導航。
我帶來進化與自然法則，為人們導航完成淨化。

Kin218. 白行星鏡
我要如何完美顯化？
白鏡：反射（反映）、秩序、無窮無盡。馬雅國王被發掘出現的能量
我用愛顯化真相——沒有別人只有自己的反射，透過別人看見自己的內在問題。

Kin219. 藍光譜風暴
我要如何放下、放手？
藍風暴：催化、能量、自然運生。
我融解執著，以強大能量催化，使人們回到寧靜的中心，蛻變。

Kin220. 黃水晶太陽
我要如何奉獻自己給這個世界？
黃太陽：開悟、生命、宇宙之火。
我帶來開悟之光，在合作中奉獻我的溫暖，照亮每個人。

Kin.221. 紅宇宙龍
我要如何分享我的喜悅與愛？
紅龍：滋養，存在，誕生。
我帶著喜悅與愛去分享古老的智識，滋養每個存在，喚醒人們憶起自己。

此波符人物代表： 約書（José 兒子）Kin211，皮爾卡登 Kin210，小勞勃道尼、勞勃許奈德 Kin211，米開朗基羅 Kin212，劉文正 Kin213，阿曼達塞佛瑞、亞當山德勒 Kin214，麥可喬登 Kin215，愛迪生、孔劉 Kin218。

「白」風的行星服務波符～綠色魔法城堡人民

Kin222. 白磁性風
我的（生命）目的是什麼？
白風：傳遞、呼吸、靈性（心靈）。
我的（生命）目的是以淨化過的語言，傳遞與表達讓人們明白自己是靈性的。

Kin223. 藍月亮夜
我的挑戰是什麼？
藍夜：夢境（夢想）、直覺與豐盛。
我的挑戰是相信自己的直覺。擁有夢想，明白自己本就是豐盛的是此生命課題。

Kin224. 黃電力種子
我最好的服務品質是什麼？
黃種子：目標、覺知、開花。
我的服務品質是為人們帶來目標，帶著覺知讓目標開花結果。

Kin225. 紅自我存在蛇
我的服務形式是什麼？
紅蛇：生命力、本能與生存。
我的服務形式是用生命的熱情來服務人們，讓人們活出生命力與生命本能。

Kin226. 白超頻世界橋
我內在強化的力量是什麼？
白世界橋：死亡、平等與機會。
我內在強化的力量是讓人們了解放下陳舊與執著，就會有新的開始。

Kin227. 藍韻律手
我要如何將均等擴展給這個世界？
藍手：知曉（知道）、治癒、實現成就。
我善於組織帶來均等與平衡，讓人們實現成就，帶來療癒。

Kin228. 黃共振星星
我要如何歸於中心去服務他人？
黃星星：美、優雅與藝術。
我是宇宙的通道，我傳達藝術與美的能量給世界，我的星光，讓人們找到方向。

Kin229. 紅銀河月
我如何忠於自己的信念（我的信念是什麼）？
紅月：淨化、流動、宇宙之水。
我以水的元素，淨化這個世界，淨化人們，為世界帶來整合與和諧。

Kin230. 白太陽狗
我要如何完成我的目的？
白狗：愛、忠誠、心。
我讓人們知道用愛並忠誠自己的心，即可完成交流與溝通並讓心靈純淨的目的。

Kin231. 藍行星猴
我要如何完美顯化？
藍猴：玩耍（遊戲的）、幻象、魔法。
我把愛顯化在地球，將快樂開心孩子般單純帶來世間。讓人們知道一切是幻象。

Kin232. 黃光譜人
我要如何放下、放手？
黃人：影響力、智慧、自由意識。
我為人們融解執著，懂得放下（釋放），並成為自己自由意識的主人，做自己。

Kin.233 紅水晶天行者
我要如何奉獻自己給這個世界？
紅天行者：探索、覺醒與空間。
我在合作中奉獻覺醒的力量。帶人們探索次元空間。

Kin234. 白宇宙巫師
我要如何分享我的喜悅與愛？
白巫師：施魔法、接受（接收）、永恆（無時間）。
我帶著愛與喜悅分享無時間，活在當下的力量帶來超越一切。

此波符人物代表：珍妮佛洛佩茲 Kin222，碧昂絲 Kin224，劉德華、李季準 Kin227，陳奕迅 Kin230，丹尼爾克雷格 Kin233，榮格 Kin234。

「藍」鷹的行星服務波符～綠色魔法城堡人民

Kin235. 藍磁性鷹
我的（生命）目的是什麼？
藍鷹：創造、心智、洞察力、視野（願景）。
我的（生命）目的是為人們帶來洞察力寬廣的視野，看見遠景，開創未來。

Kin236. 黃月亮戰士
我的挑戰是什麼？
黃戰士：詢問（提問）、無懼、智力。
我的挑戰是要懂得詢問、運用智力，無懼，面對問題、解決問題。

Kin237. 紅電力地球
我最好的服務品質是什麼？
紅地球：進化、共時（宇宙自然法則）、導航。
我的服務品質是溫和連結人事物，導航進化，回歸自然法則與宇宙共時。

Kin238. 白自我存在鏡
我的服務形式是什麼？
白鏡：反射（反映）、秩序、無窮無盡。
我存在的服務形式是讓人們看見自己，看見真相，重建無窮無盡的內在秩序。

Kin239. 藍超頻風暴
我內在強化的力量是什麼？
藍風暴：催化、能量、自然運生。
自然運生能量，催化人們，帶來蛻變，是我內在強化的力量。

Kin240. 黃韻律太陽
我要如何將均等擴展給這個世界？
黃太陽：開悟、生命、宇宙之火。
我用我的醒悟協助人們組織帶來平衡，將溫暖的太陽光芒均等照亮每個角落。

Kin241. 紅共振龍
我要如何歸於中心去服務他人？
紅龍：滋養，存在，誕生。
我是宇宙的通道，歸於中心傳達滋養的能量，讓人們有新開始憶起自己是誰。

Kin242. 白銀河風
我如何忠於自己的信念（我的信念是什麼）？
白風：傳遞、呼吸、靈性（心靈）。
我用靈性心靈的能量溝通與傳遞，在每個流動的氣息，為人們帶來和諧。

Kin243. 藍太陽夜
我要如何完成我的目的？
藍夜：夢境（夢想）、直覺與豐盛。
我帶來直覺與豐盛的能量，讓人們進入寧靜，清楚夢想，完成未來的遠景。

Kin244. 黃行星種子
我要如何完美顯化？
黃種子：目標、覺知、開花。
我播下愛的種子，讓目標得以顯化，開出美麗的花，結成美好的果。

Kin245. 紅光譜蛇
我要如何放下、放手？
紅蛇：生命力、本能與生存。
我融解人們的執著與陳舊模式，啟動人們生存的能量，燃起對生命的熱情。

Kin246. 白水晶世界橋
我要如何奉獻自己給這個世界？
白世界橋：死亡、平等與機會。
我在合作中奉獻，讓人們無懼於死亡，了解所有的結束都是重生，新的開始。

Kin247. 藍宇宙手
我要如何分享我的喜悅與愛？
藍手：知曉（知道）、治療、實現成就。
我帶著愛與喜悅分享實現成就，讓人們知道實踐是療癒的良方。

此波符人物代表：史提夫汪達 Kin235，哈里遜福特 Kin236，王菲、楊冪 Kin237，妮可基曼 Kin238，李察吉爾 Kin240，哈利波特 Kin241，艾瑪史東 Kin242，布農族公主 Alice Takewatan、馮德倫 Kin243，湯姆克魯斯 Kin246。

「黃」星星的行星服務波符～綠色魔法城堡人民

Kin248. 黃磁性星星
我的（生命）目的是什麼？
黃星星：美、優雅與藝術。
我的（生命）目的是為世界帶來優雅、藝術與美。

Kin249. 紅月亮月
我的挑戰是什麼？
紅月：淨化、流動、宇宙之水。
我的挑戰是淨化，用水元素流動起來。生命課題是不壓抑情緒接受情緒。

Kin250. 白電力狗
我最好的服務品質是什麼？
白狗：愛、忠誠、心。
用忠誠與心、無條件的愛服務世界、連結人事物是我的品質。

Kin251. 藍自我存在猴
我的服務形式是什麼？
藍猴：玩耍（遊戲的）、幻象、魔法。
我的存在是帶來天真與玩耍的心情，讓人們看清幻象，明白快樂是一種魔法。

Kin252. 黃超頻人
我內在強化的力量是什麼？
黃人：影響力、智慧、自由意識。
我讓人們懂得選擇想法，對世界有好的影響力，這是我內在強化的力量。

Kin253. 紅韻律天行者
我要如何將均等擴展給這個世界？
紅天行者：探索、覺醒與空間。
我可以在次元中探索，用覺醒的能量去組織，帶來平等與平衡。

Kin254. 白共振巫師
我要如何歸於中心去服務他人？
白巫師：施魔法、接受（接收）、永恆（無時間）。
我是宇宙的通道，我傳達時間的祕密——無時間，只有當下的永恆。

Kin255. 藍銀河鷹
我如何忠於自己的信念（我的信念是什麼）？
藍鷹：創造、心智、洞察力、視野（願景）。
我讓人們有更高寬廣的視野，擁有洞察力，忠於自己，擁有和諧。

Kin256. 黃太陽戰士
我要如何完成我的目的？
黃戰士：詢問（提問）、無懼、智力。
我懂得尋找答案，無懼與勇敢，以智慧面對與解決問題，達成用藝術美化世界的目的。

Kin257. 紅行星地球
我要如何完美顯化？
紅地球：進化、共時（宇宙自然法則）、導航。
我將愛顯化在地球，導航人們回到自然法則，與自然同步共時。

Kin258. 白光譜鏡
我要如何放下、放手？
白鏡：反射（反映）、秩序、無窮無盡。
我讓人們看見自己的真相，因此融解掉執著，得以放下。

Kin259. 藍水晶風暴
我要如何奉獻自己給這個世界？
藍風暴：催化、能量、自然運生。
我在合作裡奉獻我的強大能量，摧毀動搖舊的模式，催化蛻變與更新。

Kin260. 黃宇宙太陽
我要如何分享我的喜悅與愛？
黃太陽：開悟、生命、宇宙之火。
我為所有眾生（Kin260）發光發亮！溫暖世界溫暖每個人心！

此波符人物代表：馬丁路德 Kin252，曾之喬 Kin253，基諾李維、蓋兒·加朵 Kin257，麗芙泰勒、布萊德彼特 Kin259，嚴凱泰、愛因斯坦、李敏鎬 Kin260。

13 銀河音頻調性對應自己身體的位置

　　13 個音頻代表 13 個力量,也對應身體 13 大關節,若有疼痛受傷,找到對應關節的星際密碼－太陽能圖騰,會找到宇宙要傳遞給我們的訊息答案。同步調頻進入光與愛即能和諧(空白圖表在第 137 頁)～試試。以 José 為例:

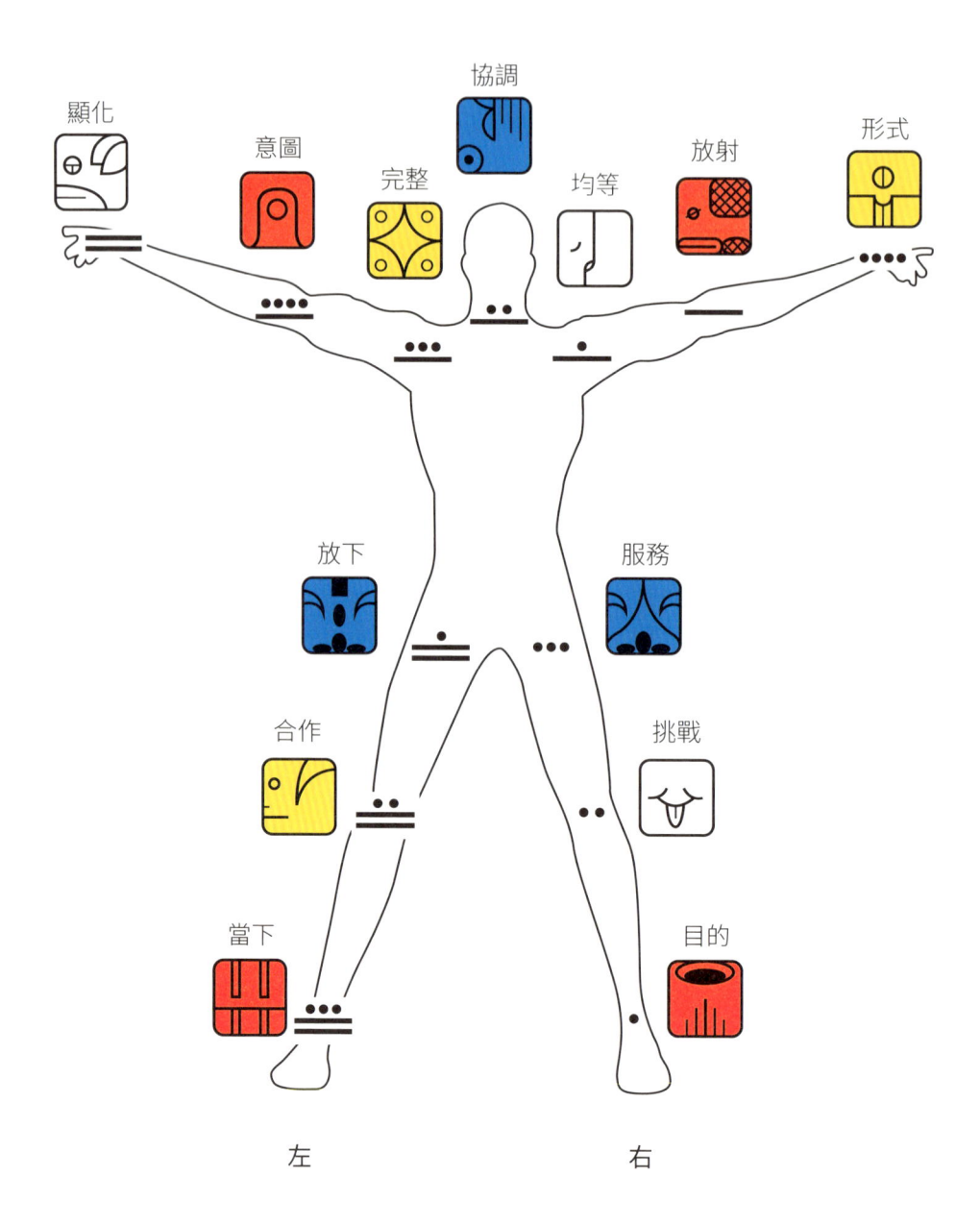

顯化　意圖　完整　協調　均等　放射　形式

放下　服務

合作　挑戰

當下　目的

左　　　　　　　右

Just Living in the Law of Time

20個太陽能圖騰與身體全息

手指、腳指也同步隱藏了20個太陽能圖騰密碼，與地球全息同步！（觀照第83頁）

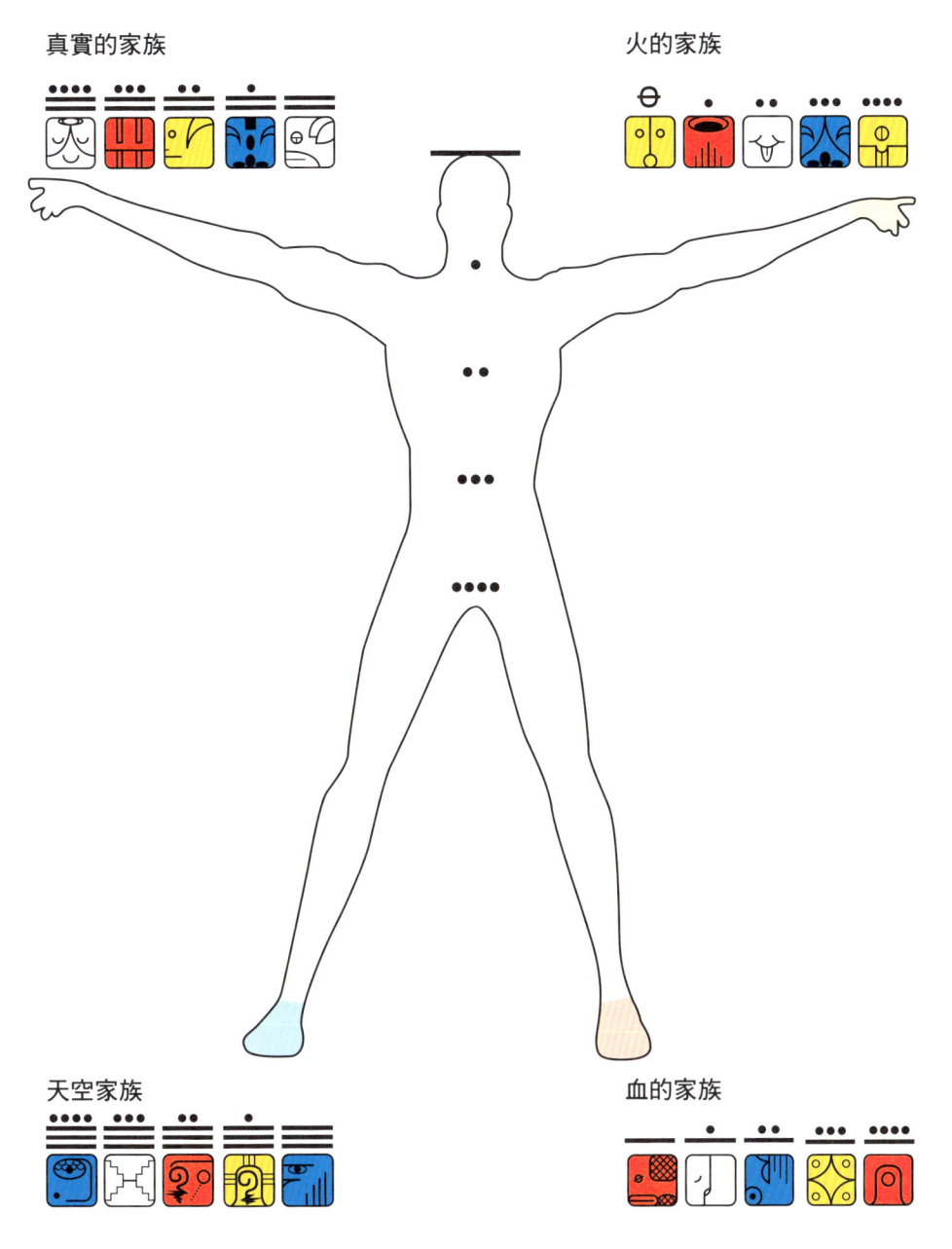

真實的家族

火的家族

天空家族

血的家族

| 圖騰對應手、腳指位置示意圖

放射狀等離子與脈輪

等離子符號	✣	≈	⌐	⊕	⋎	●	⋎
等離子性質	目標	流動	平靜	建立	釋放	淨化	發射
等離子發音	DALI	SELI	GAMMA	KALI	ALPHA	LIMI	SILIO
脈輪名稱	頂輪	海底輪	眉心輪	臍輪	喉輪	胃輪	心輪
13月亮曆日期排列順序	1	2	3	4	5	6	7
	8	9	10	11	12	13	14
	15	16	17	18	19	20	21
	22	23	24	25	26	27	28

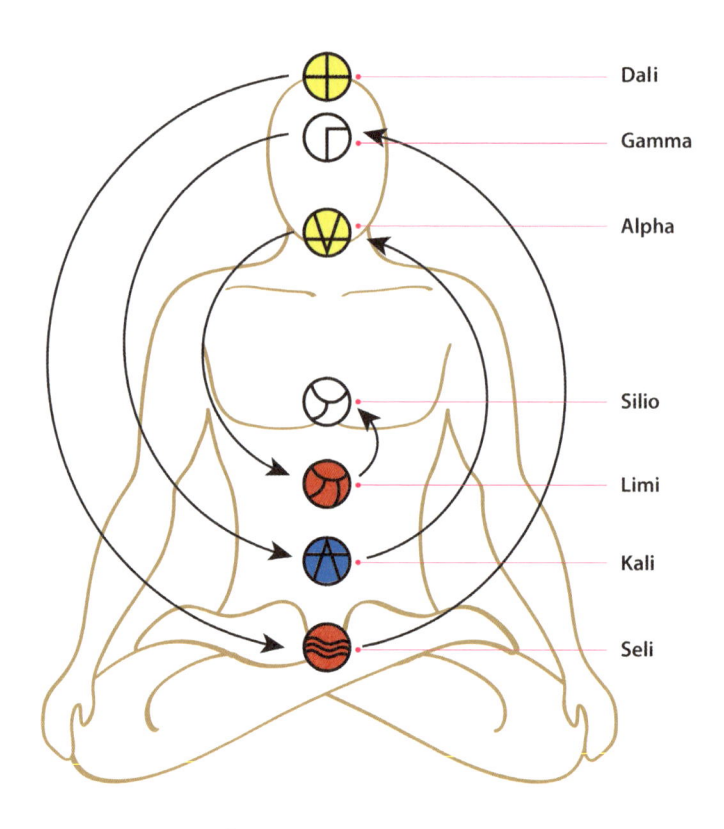

等離子對應人體脈輪的位置

找出當天的行星意識記憶庫——我的 PSI

　　什麼是行星意識的記憶庫？它是行星意識的資料庫系統，是一股運作在更高次元的動能。有人稱它行星的阿卡莎（Akashic）記憶庫，是高次元的行星記憶的力量，總會在我們需要幫助時，無形的幫助我們。如果我們想要實現三次元時空的顯化能力，就要好好善用第五次元的動能。

　　行星意識的記憶庫，就是 13：20 共時同步的頻率，它透過第五次元的時空來運作，是一種通報其時間中循環週期的遺傳基因碼的程式。1989 年，荷西博士發現時間法則的存在，才知道這組屬於時間的遺傳因子。

　　星際 13 月亮曆中，每一天都有專屬的 PSI 圖騰符號，連接在高次元地球行星當天當年所有的記憶，幫助三次元的自己，讓我們在日常生活中，能夠得到整個過去知識與行星知識的支持，更有力量的去行動。

　　自己的 PSI 連結的圖騰一生都不會改變。要找到屬於自己的 PSI，只要準備好自己西曆中出生月、日，例如：西元 3 月 21 日，翻開 P.14 年曆中的 3 月 21 日，找出對應 13 月亮曆的日期，是第 9 個月的第 15 天，因此 PSI 編碼就是「9.15」，然後，在 P.82 找到對應 PSI 矩陣圖表中 9.15 的位置，會找到紅地球，調性 8，也就是「紅銀河地球」。每天透過連結 PSI 意識的圖騰，在靜心中與 PSI 行星意識連結，就能在日常生活中活化這些記憶，並得到來自我們遺傳因子中，更高次元的自己的力量。也可取得當時的行星記憶的訊息。

　　每月的 1 日涵蓋 1、2、3 日，每月的 6 日涵蓋 4、5、6 日，每月的 23 日涵蓋 23、24、25 日，每月的 28 日含藏 26、27、28 日。

　　在 PSI 場域，每格綠色 GAP，涵蓋了 3 天 GAP 的力量。GAP 有 52 個，52×3 = 156，156+208 = 364+1（無時間日）=365 天。156 也預言了 Kin156，208 則預言了 Kin208！

日期							
1	2	3	4	5	6	7
8	9	10	11	12	13	14
15	16	17	18	19	20	21
22	23	24	25	26	27	28

行星意識資料庫（PSI）圖表

	•	•••	••	••••	•••	═	••••	─	••	•	•••	••
	1.1	2.9	3.11	4.11	5.11	6.11	6.21	8.9	8.19	9.19	10.19	11.19	1.23
	••	••••	•••	••	••••	•	═	••	•	•••	••	•	•••
	1.7	2.1	3.12	4.12	5.12	6.12	6.22	8.10	8.20	9.20	10.20	2.23	12.21
	•••	═	••••	─	─	••	•	═	••	•	•••	••	••••
	1.8	2.10	3.1	4.13	5.13	6.13	7.7	8.11	8.21	9.21	3.23	11.20	12.22
	••••	•	─	••	•	•••	••	•	•••	••	••••	─	══
	1.9	2.11	3.13	5.1	5.14	6.14	7.8	8.12	8.22	5.23	10.21	11.21	13.7
	─	••	•	•••	••	•	•••	─	••••	•••	═	••••	•
	1.10	2.12	3.14	4.14	7.1	6.15	7.9	8.13	7.23	9.22	10.22	11.22	13.8
	•	•••	••	••••	•••	••	─	══	─	•	─	••	••
	1.11	2.13	3.15	4.15	5.15	9.1	7.10	9.23	9.7	10.7	11.7	12.7	13.9
	••	•	•••	••	••••	•••	═	••••	─	─	─	─	•••
	1.12	2.14	3.16	4.16	5.16	10.1	7.11	10.23	9.8	10.8	11.8	12.8	13.10
	•••	••	••••	•••	─	••••	•	═	─	─	•••	─	•
	1.13	2.15	3.17	4.17	8.1	11.1	7.12	11.23	8.23	10.9	11.9	12.9	13.11
	••••	•••	═	••••	•	─	••	•	•••	•	═	─	••
	1.14	2.16	3.18	6.1	5.17	12.1	7.13	12.23	9.9	6.23	11.10	12.10	13.12
	═	••••	•	─	─	••	•	═	••	••	•••	─	•••
	1.15	2.17	4.1	4.18	5.18	13.1	7.14	13.23	9.10	10.10	4.23	12.11	13.13
	•	─	••	•	•••	••	•	•••	••	••••	•••	═	••••
	1.16	2.18	4.6	4.19	5.19	13.6	7.15	13.28	9.11	10.11	4.28	12.12	13.14
	••	•	•••	••	•	•••	••	••••	•••	••••	─	─	─
	1.17	2.19	3.19	6.6	5.20	12.6	7.16	12.28	9.12	6.28	11.11	12.13	13.15
	•••	••	•	•••	••	••••	•••	─	─	─	••	─	•
	1.18	2.20	3.20	4.20	8.6	11.6	7.17	11.28	8.28	10.12	11.12	12.14	13.16
	•	•••	••	••••	•••	─	••••	─	••	•	•••	••	••
	1.19	2.21	3.21	4.21	5.21	10.6	7.18	10.28	9.13	10.13	11.13	12.15	13.17
	••	••••	•••	••	••••	•	═	••	•	•••	••	•	•••
	1.20	2.22	3.22	4.22	5.22	9.6	7.19	9.28	9.14	10.14	11.14	12.16	13.18
	•••	═	••••	•	─	••	•	═	••	•	•••	••	••••
	1.21	3.7	4.7	5.7	7.6	6.16	7.20	8.14	7.28	10.15	11.15	12.17	13.19
	••••	═	─	••	•	•••	••	•	•••	••	••••	─	═
	1.22	3.8	4.8	5.6	6.7	6.17	7.21	8.15	9.15	5.28	11.16	12.18	13.20
	─	••	•	•••	••	•	•••	••	••••	•••	─	─	•
	2.7	3.9	3.6	5.8	6.8	6.18	7.22	8.16	9.16	10.16	3.28	12.19	13.21
	•	•••	••	•	•••	••	─	••	─	─	─	•	••
	2.8	2.6	4.9	5.9	6.9	6.19	8.7	8.17	9.17	10.17	11.17	2.28	13.22
	••	•	•••	••	••••	•••	═	•	─	─	••	─	•••
	1.6	3.10	4.10	5.10	6.10	6.20	8.8	8.18	9.18	10.18	11.18	12.20	1.28

Just Living in the Law of Time

地球行星全息與家族

自然時間的密碼儲藏在我們的地球裡，行星全子意即行星在時間裡的四次元身體。每日啟動地球母親的全子，與她對焦，清理自己與地球，一起揚升！

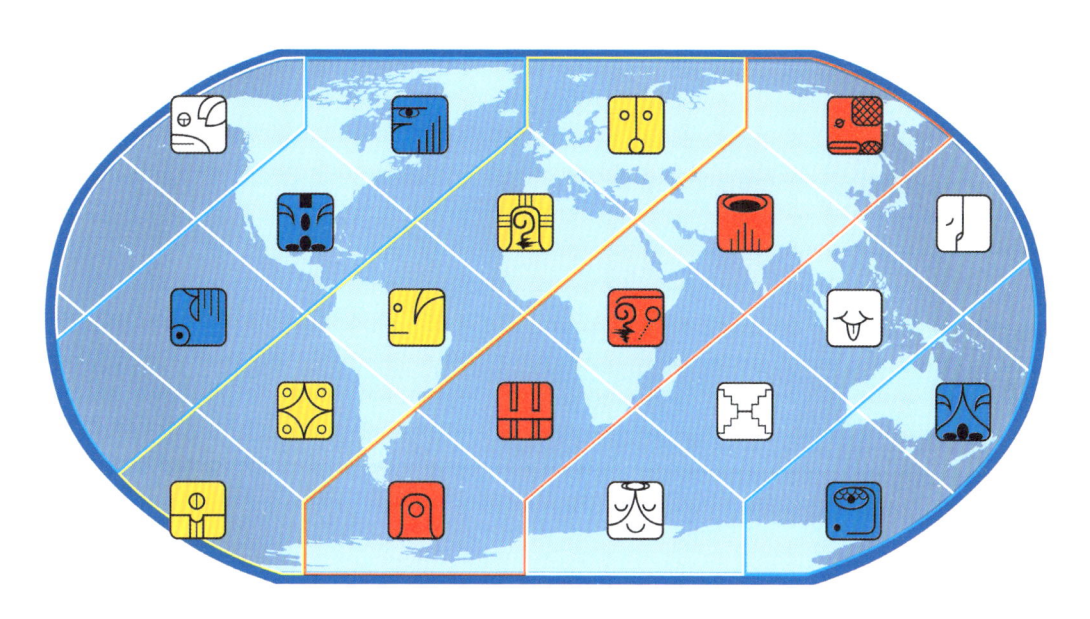

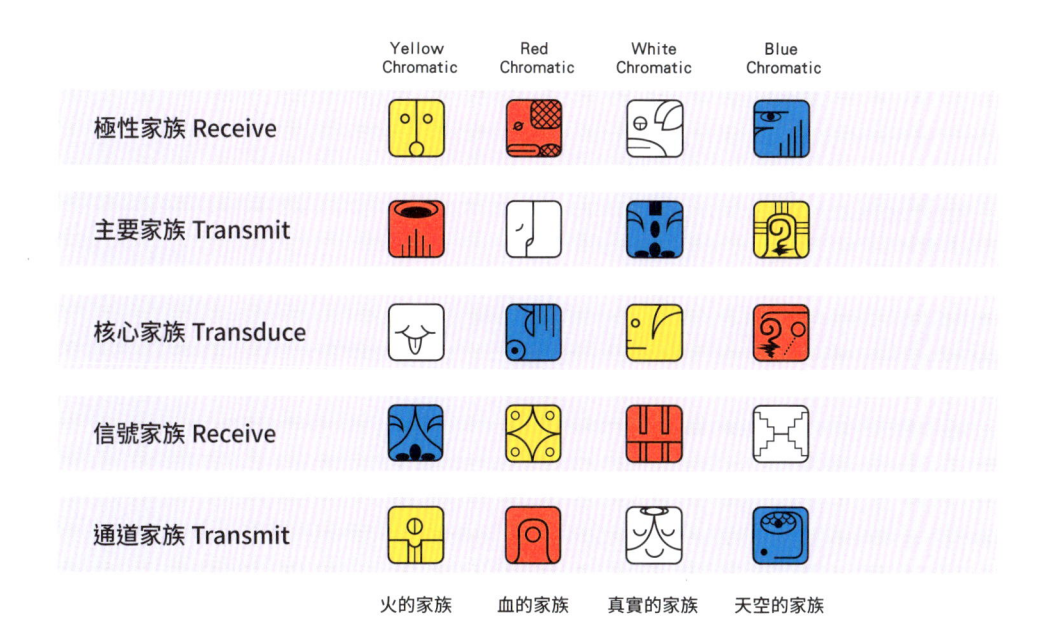

	Yellow Chromatic	Red Chromatic	White Chromatic	Blue Chromatic
極性家族 Receive				
主要家族 Transmit				
核心家族 Transduce				
信號家族 Receive				
通道家族 Transmit				
	火的家族	血的家族	真實的家族	天空的家族

83

星際馬雅 13 年預言力量

2019 年 kin14「白磁性巫師年」
西元 2019/7/26 ～ 2020/7/25
啟動施展魔法，接受、接收，放下頭腦，活在無時間永恆的當下！

2020 年 kin119「藍月亮風暴年」
西元 2020/7/26 ～ 2021/7/25
我是否願意改變？帶來蛻變重建秩序的一年。

2021 年 kin224「黃電力種子年」
西元 2021/7/26 ～ 2022/7/25
有目標，用好的意念去服務，就能開花結果。

2022 年 kin69「紅自我存在月年」
西元 2022/7/26 ～ 2023/7/25
淨化，流動起來。感性柔性的一年。GAP 綠色，開啟銀河之門，專注意念，心想事成！

2023 年 kin174「白超頻巫師年」
西元 2023/7/26 ～ 2024/7/25
由心內在的了悟，超強施展白魔法的力量，輕盈的活在當下。

2024 年 kin19「藍韻律風暴年」
西元 2024/7/26 ～ 2025/7/25
自然運生的能量均等擴展給所有生命蛻變、轉化。

2025 年 kin 124「黃共振種子年」
西元 2025/7/26 ～ 2026/7/25
歸於中心覺知相信自己的潛力，目標定能開花結果。宇宙中柱能量。

2026 年 kin 229「紅銀河月年」
西元 2026/7/26 ～ 2027/7/25
宇宙之水的淨化，讓我們生命流動起來，使我們和諧使我們完整。

2027 年 kin74「白太陽巫師年」
西元 2027/7/26 ～ 2028/7/25
進入內在，沒有頭腦，活在無時間的寬闊，用心念完成想完成的。

2028 年 kin 179「藍行星風暴年」
西元 2028/7/26 ～ 2029/7/25
愛的能量讓人們完成蛻變改變。

2029 年 kin24「黃光譜種子年」
西元 2029/7/26 ～ 2030/7/25
放下過多的執著，事情才能開花結果。

2030 年 kin129「紅水晶月年」
西元 2030/7/26 ～ 2031/7/25
水元素淨化了人們情緒，讓生命流動與清晰，情感柔和。宇宙中柱能量。

2031 年 kin234「白宇宙巫師年」
西元 2031/7/26 ～ 2032/7/25
用愛與喜悅分享無時間無局限，活在當下能超越一切！

52 年週期 ─ 命運城堡

新天狼星週期，天狼星 B 完成繞行天狼星 A1 圈＝地球 52 年（空白圖表在第 139 頁）

極性家族 Receive
主要家族 Transmit
核心家族 Transduce
信號家族 Receive
通道家族 Transmit

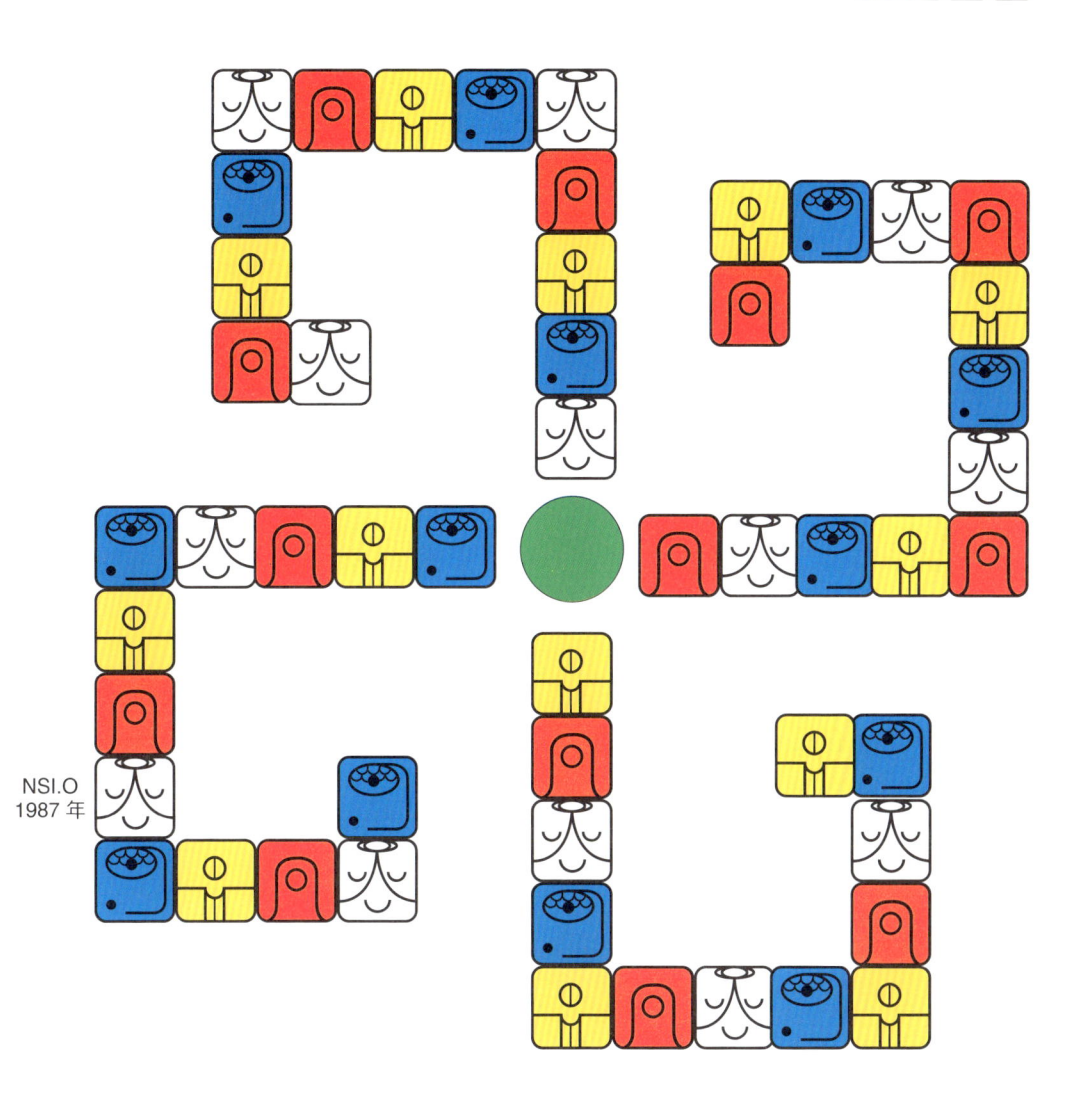

NSl.0
1987 年

新天狼星週期 52 年預言表

自 1987 年「和諧匯聚」啟動！
找到自己的家族，預言自己的 52 年！
（空白圖表在第 138 頁）

地球家族——通道家族

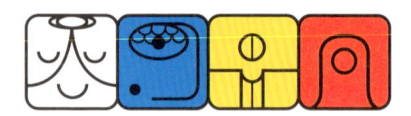

年分	圖騰	調性
1987	白	•••
1988	藍	••••
1989	黃	=
1990	紅	•
1991	白	••
1992	藍	•••
1993	黃	•
1994	紅	••
1995	白	•••
1996	藍	••••
1997	黃	=
1998	紅	•
1999	白	••
2000	藍	•••

年分	圖騰	調性
2001	黃	••••
2002	紅	=
2003	白	•
2004	藍	••
2005	黃	•••
2006	紅	•
2007	白	••
2008	藍	•••
2009	黃	••••
2010	紅	=
2011	白	•
2012	藍	••
2013	黃	•••

年分	圖騰	調性
2014	紅	••••
2015	白	=
2016	藍	•
2017	黃	••
2018	紅	•••
2019	白	•
2020	藍	••
2021	黃	•••
2022	紅	••••
2023	白	=
2024	藍	•
2025	黃	••
2026	紅	•••

年分	圖騰	調性
2027	白	••••
2028	藍	=
2029	黃	•
2030	紅	••
2031	白	•••
2032	藍	•
2033	黃	••
2034	紅	•••
2035	白	••••
2036	藍	=
2037	黃	•
2038	紅	••
2039	白	•••

Just Living in the Law of Time

找出自己的盧恩符文

　　盧恩符文 PSI 薄膜（地球腦膜）擁有 24 個盧恩符文，將地球包裹在 4 個版塊之中。「非歐亞版塊、太平洋、美洲、大西洋」，中央水平線與地球赤道連結。

　　4 個 PSI 版塊對應到每月 28 天的 4 週裡面。對每個月 4 週裡，版塊中每一個符文編出每週 7 天的前 6 天的碼。第 7 天（每個 7 的倍數日子）是空白符文。

　　在自己的 13 月亮曆生日當天，可以找到對應的盧恩符文，拿回自己符文的力量！

28 天盧恩符文的力量

根據星際馬雅 13 月亮宇宙曆，隨著日子變換轉移，每天都有自己專屬的盧恩符文，只要畫出符文，閱讀每個符文的教導，讓自己與自然時間、符文系統同步共時，猶如跟隨靈性戰士的步伐，走向生命的迴圈中，遇見自己，了解自己，成為自己。

1. Fehu

這個字母開啟了王權、豐饒、牛隻，那種烈火般的豐盛。它象徵實現成就：野心被滿足，分享愛、得到獎賞。它所承諾的滋養從最世俗到最神聖的。這個符文可以召喚對生命中利益與取得之物深深的探知。只要小心觀察就會明白，自己為生命所要求的，是否只是財富和占有物，抑或是自我管理和成長的意志。

2. Uruz

這個字母開啟了阿凡達的塑形之力。是力量、野公牛的象徵。作為結束與新開始的文字，Uruz 指出我們生存於此的生命，相對於自身形式已經過大了。這樣的形式必須終結，新的能量才能以新的方式釋放出來。這是一個象徵通道意涵的盧恩符文，古老符號是歐洲野公牛，當牠被馴服，才會為我們運輸沉重的貨物。學會讓自己去適應這個極具創造力的時代，讓堅定的原則與這個符文連結。同時要求自己的性格，為了有原則，必須學會去服務。

3. Thurisaz

這個字母開啟了神祕的神聖奮鬥。代表入口，不行動的地方以及北歐神話中司雷、戰爭及農業之神「托爾神」。它象徵一個入口，意指我們有一個內在與外在的雙重工作必須完成，代表天堂和世俗之間的邊際。觀想自己就站在山頂的一扇大門前，整個生命在自己身後的低處，在踏出門之前，停下來並回顧過去，觀察、祝福、釋放它們，就可以放下過去並收回自己的力量。現在，走進這扇大門吧！

ᚠ 4. Ansuz

這個字母是開創啟蒙的沃坦神的呼吸，代表接收訊息、信號與禮物，是北歐神話裡的火神「洛基神」。一個有時間限制的警告，也可能被視為禮物。訊息可以展開一段新的生命，新生命以新的連結、令人驚喜的關聯而開始，這些關聯將我們引上新的道途。Ansuz 告訴我們與神性的連結，就在我們手中。

ᚱ 5. Raidho

這個符文是開啟時空的太陽之環。象徵著旅程、溝通、重新聯合的力量。這個符文與溝通有關，調和那些有二元性的所有事物，最後在旅程終點將它們合而為一，內在的價值就會攀升，此時，將不會完全仰賴一己之力。通過祈禱或靜心來問問看，通過向見證的自我。Raidho 本身就帶著喜悅。一個為靈魂旅程而禱告的簡單禱詞就是「我將成為那希望我成為的」。記住，這句禱詞適用於任何場合，尤其使用在療癒之前。

ᚲ 6. Kennaz

這個符文點燃了超越之路的一把熊熊燃燒的火炬。是開放、是火。這是一個開放和更新，純淨性的盧恩符文，驅除籠罩在生命中的某部分黑暗。我們現在自由了，可以接受禮物，開始懂得無條件給予的喜悅。擁有越多的光，就能越清楚的看到，什麼是瑣碎無益的小事，以及在自己的條件下，什麼是過時該拋棄的。

7.「7」之力的立方體，空白的盧恩符文

立方體被 Fehu-Kennaz 的力量，影響了歐亞混血黑人的那一面不可知的神性，象徵歐丁神。空白就是終點，並且空出了起點。這代表全然相信的盧恩符文，將被用在與自己真實命運之間，最即時連結的證據。這個盧恩符文的出現，預示著一次的死亡，但死亡象徵著可能關係到生命的任何一部分，就如現正活在其中。這個符文教導我們古老因果，會在自身的轉化與發展中得到同樣的轉化與發展。無論何時出現這個空白符文，要知道生命正在自我轉變中。

8. Ehwaz

這個符文是馬與騎士的合一，它精煉著王權的概念，代表運動、進步、馬。Ehwaz 表示著傳送、運輸與運動，或者身體的轉化、新的居住地、新的態度、新的生命。也代表正在提升，或在改善任何狀況的感覺中的運動。這個符文有一種逐漸發展和穩定進步的感覺，這可能用在生意的成長，或一個創意的推廣上，或一個要去進入或促成的關係，也可能需要去經歷改變。這個盧恩符文象徵著一匹馬，代表馬與騎士之間的連結。只要它與太陽的力量連結，去孕育生命，並用它的光芒照耀萬物，這樣的分享就是壯美的。

9. Mannaz

這是完善阿凡達的全人。起點就是自我。它的本質是水，只是清澈、樂意改變，現在就是實實在在的。一個與自己的正確關係是主要關鍵，因為它與神性流動在所能與他人的正確關係中保持謙遜，這是聖人的忠告。特爾斐寺廟的入口上沒有第二句話，而第一條忠告就是「了解自己」。

10. Laguz

這個符文純化了神祕之水的形制。特質是水、流動性、情緒、事業與關係的潮汐與流動，管理此處活躍的不可見力量。鼓勵我們讓自己浸入生命的經驗之中，而不要試圖去評價或想要懂得。活在本能的直覺裡。當太陽努力彰顯個性與差異，月亮則將我們帶向融合與合一狀態。這個符文通常暗示一段清理的期間：重估價值、重新組織、重新聯合，準備好面對自我轉化。

11. Ingwaz

這個符文是封印其內精煉啟蒙的種子。是豐饒、是新的開始。這個符文很像月亮，是我們天性中直覺的部分，它推動和諧，並在個人關係的橢圓中進行調整。Ingwaz 體現分享的需要，被渴求的願望，一個類似以後的追尋。畫出這個符文，可能標記著一段喜悅的解放、一個新生。Ingwaz 警告我們：做好準備！保持歸於中心並踏實落地，從所有不需要的影響中釋放自己；發現幽默，以平靜的確信等候自身的解脫。

ᛞ 12. Daggaz

這是在破曉時分進行的靜心冥想，可以純化時空。是突破、轉化與白天的力量。這是起點迴圈中，最後一個盧恩符文。Daggaz 經常在自我改變的過程中，代表主要轉化或突破的信號，180 度的迴轉！如果能抓住這個時間點，生命就會永無退轉的被轉化。時時提醒自己，不要陷入對未來的重重顧慮之中，也不要在新狀態中魯莽行動。可能會很艱難，在這段轉化時期，帶著喜悅去經驗它吧！

ᛟ 13. Othala

這個符文代表母親的領域，它使超越性變得更精純。是分離、靜修與繼承。Othala 是一個代表劇烈分離的盧恩符文，同時也代表獲得或受益。舊的皮膚褪去，過時的關係也被拋棄，當你接受到這個符文時，就會召喚一次的剎離。正確行動是臣服，盡可能平靜，回到內在，並保持意志的堅定來完成分離。這個分離要求自由意志，我們必須更加確定自己是誰。

14.「14」之力的立方體，空白的盧恩符文

立方體被 Ehwaz-Othala 的力量，掌管太平洋板塊，空白就是終點，並且空出了起點。這代表全然相信的盧恩符文，將被用在與自己真實命運之間，最即時連結的證據。這個盧恩符文的出現，預示著一次的死亡，但死亡象徵著可能關係到生命的任何一部分，就如現正活在其中。這個符文教導我們古老因果，會在自身的轉化與發展中得到同樣的轉化與發展。無論何時出現這個空白符文，要知道生命正在自我轉變中。

15. Ehwaz

這個符文是轉化王權的宇宙之樹。是防衛、防護力、紫杉樹。當我們被測試時，就會發現防護屏障與擊敗的力量，同時內在會產生一種對管理那些在生命中被創造出來的壓力的反感。如果這個反感變成道途上的障礙，稍微考慮一下、延遲一下。沒什麼好臉紅的，行動不用畏畏縮縮，或對渴望的結果形成貪欲。讓自己的房間保持整潔有序，讓生意清楚明瞭，靜候上天的旨意降臨吧。

16. Perthro

這是轉化阿凡達的記憶之井。是起點，隱藏的事物，一個神祕物體。這個僧侶或神祕人士使用的如尼文，指的是那些超出我們脆弱控制力之外的事物。對很多人來說，Perthro 意味著經驗一次死亡。如果確實必要，放手一切，沒有例外。緊要關頭，沒有什麼比靈性的重生更重要。

17. Elhaz

這是轉化神祕性、創造神聖的行動。是保護、沙草或燈芯草與麋鹿。情緒控制在這裡是要被討論的課題。在生命過程的轉化和加速自我轉化中，不陷在自己的情緒裡是很重要的。新的機遇與挑戰是這個符文的典型意義，它的出現還會伴隨著罪惡與一些討厭的影響。Elhaz 如同靈性戰士的一面鏡子，戰士的戰爭經常是與自己的戰爭。

18. Sowilo

這是轉化啟蒙的太陽光線。是活動，進步，馬。Sowilo 代表整體性，它體現一種自我實現的衝動，指出必須跟隨的道路。儘管這個符文沒有顛倒相反的位置，還是要小心，我們很容易能抽離，甚至在面對挑戰時撤退，特別當被要求現在就展現自己的能力時。請懂得這樣的撤退是一次具有力量的撤退，敞開自己，讓光進入生命中還保留祕密的那部分，將自己隔絕起來，去完成一次處理淨化，處理自己還在尋求複雜的認同的面向，接受自己長期否認的面向。

↑ 19. Tiwaz

戰士 Tiwaz 是天空之神，這是製造能轉化時空的王權的力量。

這是靈性戰士的盧恩符文。它體現在這個符文中，是辨識的能力，可以讓你砍掉舊有的、已死的、外來的習性。耐心是這個符文的美德，要堅持不懈、不屈不撓，要往內看，鑽研自己生命本身的根基，只有這樣才能讓自己一直接觸到自性最深處的需要，並開啟那最深厚的源泉。

ᛒ 20. Berkano

這是轉化超越性後的豐收果實。是成長、重生與樺樹。作為另一個迴圈的盧恩符文，Berkano 代表一種豐饒的形式，它所培育的成長，同時象徵著面對現實的發生。成長可以發生在世界上的各種事務上，家庭瑣事、自我與自性或神性關係中。這個符文會帶來興旺與成熟，我們要考慮關於小心與覺知的課題。第一個分散的阻力就是完成工作。必須保持清晰而有約束力，一旦阻礙解除，矯正就會發生，通過堅定不移與正確的態度，興旺就會發生。

21.「21」之力的立方體，空白的盧恩符文

由 Eihwaz-Berkano 之力掌管的美洲板塊立方體。空白就是終點，並且空出了起點。這代表全然相信的盧恩符文，將被用在與自己真實命運之間，最即時連結的證據。這個盧恩符文的出現，預示著一次的死亡，但死亡象徵著可能關係到生命的任何一部分，就如現正活在其中。這個符文教導我們古老因果，會在自身的轉化與發展中得到同樣的轉化與發展。無論何時出現這個空白符文，要知道生命正在自我轉變中。

ᚷ 22. Gebo

這是使王權成熟的祝福。這個符文指向不同形式的合作關係，與各種人事物的合作都要小心，不要讓自己完全陷入那種融合性中。因為真正的搭檔關係，只有透過分離才能達成。同時也需要思考合作關係的另一面。這個符文的終極祝福，就是所有事物本身攜帶的神性的實現：神總會進入平等的合作關係中。

ᚹ 23. Wunjo

這是使阿凡達成熟的喜悅和光。
它是一個結滿果子的枝節，艱苦勞動已經結束，給自己帶來深深的敬意。轉化按時發生，現在我們可以接受 Wunjo 的賜福，無論是物質層面的收穫，還是情緒生活，或是自己存在的一個更高的感情層面都會得到祝福。

ᚺ 24. Hagalaz

這是毀壞、基本力量、冰雹。是改變、自由、發明與解放。它指出心智內一個緊迫的需要，要去突破壓縮性的本體與物質現實，並體驗原型心智的世界。這也是另一個迴圈的盧恩符文，表示急劇的斷裂，生命中的毀壞地越嚴重，就會被要求更明顯、更及時的成長。

ᚾ 25. Nauthiz

這是讓起始點成熟的測試。是約束、必然性與痛苦。Nauthiz 代表我們為自己創造的障礙。對陰暗面工作，檢查它，是自己本性中的什麼特質吸引來的，那些生命中的種種艱難困苦。最後當我們微笑看著這象徵約束的符文時，將會看出生命中的困難與挫折，就是我們的老師、指引與盟友。

26. Ise

這是個使時空成熟集中的意志。是停頓、撤回、冰。靈性中的冬季，取決於己。我們可能發現，自己盲目捲入一種被別人牽連的狀態中，無力做任何事，只能屈從，投降，甚至犧牲長期珍視的渴望。保持耐心，這是重生之前的一段過渡期。放手！釋放、清理陳舊的，記住，新事物的種子存在於老舊的殼中。信任自己，注意觀察春天的信號。

27. Jera

這個符文能使超越性變得成熟的交替規範。是收穫、是收成的季節，代表一年。一個富於益處成果的盧恩符文，Jera 應用任何我們可以掌控的活動與努力中保持覺知，但不要期待即刻的結果。我們必須重新平整土地，種下新的種子，現在必須小心培養，接下來有一個長長的過程，成果是來自遵循天意並堅持不懈的結果。

28.「28」之力的立方體，空白的盧恩符文

立方體是被 Gebo-Jera 之力掌管的大西洋板塊。空白就是終點，並且空出了起點。這代表全然相信的盧恩符文，將被用在與自己真實命運之間，最即時連結的證據。這個盧恩符文的出現，預示著一次的死亡，但死亡象徵著可能關係到生命的任何一部分，就如現正活在其中。這個符文教導我們古老因果，會在自身的轉化與發展中得到同樣的轉化與發展。無論何時出現這個空白符文，要知道生命正在自我轉變中。

64 個易經密碼子解義

西元 1997 年，當荷西・阿圭列斯（José Argüelles）博士聽到：「直到你記起這星際的記憶，否則無法度過困難。」這股被喻為神祕石的動力趨使他進入很深的靜心狀態。就在 1 月 8 日，展開為期 28 天的下載星際訊息的靜心過程，最後停在「832」這個數字。星際銀河易經，就是由荷西博士將馬雅卓爾金曆、易經的八卦、DNA 及烏爾盧恩符文（UR）之間的關聯性，發展出一系列靜心冥想和心電感應的修練模組。這能幫助我們重置並活化啟動 DNA 序列，啟動意識達到太陽－星際意識的層次。DNA 是藉由時間律法共時運作及擴大，他得出關於宇宙科學中 64 個密碼以及 64 個 UR 符文的作用公式，可以在 1997 至 2013 年間創造出一個長達 16 年（832 週）的生物心電感應程式。

「832 ＝ 16×52 ＝ 64×13」64 代表易經卦，每卦有 13 變爻！

找到自己的銀河易經

每 4 天會有一個時空銀河易經 DNA 密碼子。

這能量密碼對應了諧波 4 天週期（4 個 Kin）共同擁有一個卦。可在這圖表中找到屬於當天的（自己的）密碼子。

The 13 Moon Calendar

生命樹之道 •	行為之道 ••	發揮能力之道 •••	超越的四次元之道 ••••	引動的五次元之道 —	動態結構之道 —•	心靈感應之道 —••	銀河音階之道 —•••
生命樹 1 初始 創造的開始	行為初始 9 節制	時間進化 17 了發揮能力之道 喚起喜悅	時間集中 25 了宇宙意識 共時性	時間沉思 33 了宇宙規則 奉獻	動態結構 41 的本質 喜悅的聖殿	心靈感應 49 之革命 時間之革命	銀河音階 57 的穿透力 瞬息間心智
生命樹啟蒙 2 最初的子宮	履行大道 10 實踐	發揮能力 18 之道啟迪了心智 順服心智	宇宙意識 26 被啟迪 時間的聖殿	心智被 34 宇宙規則啟迪 祈禱	動態結構 42 的本質進化了心智 無線聲波	心靈感應 50 蛻變 時間之蛻變	銀河音階 58 之歌 喜悅的光輝
生命樹的 3 空間形式 重新開始	行為之道 11 形塑空間 活化	發揮能力 19 之道形塑空間 巫師的渴望	宇宙意識 27 賦予空間 存有的聖殿	宇宙規則 35 點化了空間 心智擴展	動態結構 43 的本質進化了空間 不屈不撓的	心靈感應 51 喚起空間的能量 雷喚醒的存有	銀河音階 59 發出空間心智的聲音 漸漸消融
生命樹 4 形塑空間 再一次聆聽	行為之道 12 被真理開啟 穩定	發揮能力 20 之道臣服於自己 巫師的沉思	宇宙意識 28 超越了空間 突進的時間	宇宙規則 36 轉成自我了悟 內在光輝	被時間所 44 賦予的動態結構的本質 時間的穿越	心靈感應 52 建立聖殿的基礎 聖殿冥想	銀河音階 60 設定空間 權衡
生命樹 5 進化空間 眾人聚集	真理進化 13 行為之道 眾人組合	發揮能力 21 之道符合真理 激發遠見	空間流動 29 如宇宙意識心 月光水晶	宇宙規則 37 蘊含時間 家的力量	動態結構 45 的本質被注入時間 無數的存有	心靈感應 53 使聖殿進化 進化	銀河音階 61 如心聖殿鳴響 內在空間
生命樹 6 定義生命形式 眾人分離	行為定義 14 大道 眾人之大智慧	發揮能力 22 之道定義空間輻射 遠見的聖殿	空間的幅 30 射定義了宇宙意遠 日光水晶	宇宙規則 38 保存空間的輻射 鑑別	動態結構 46 變成創意空間 燦爛的虛空	聖殿結合 54 了心靈感應 超越	銀河音階 62 定義演化 內在時間
生命樹 7 時間轉動地球 眾人之力	所有觀點 15 整合在行為之中 眾人之大道	發揮能力 23 之道降生地球 心智的釋放	宇宙意識 31 確立了二元秩序 心智引動	宇宙規則 39 回歸 天堂之心	隨機論 47 變成設計論 呼叫本源	心靈感應 55 變成時間旅行 智慧的調動	銀河音階 63 宇化了空間 完成
生命樹 8 時間轉動天堂 眾人合一	行為整合 16 大道 眾人之得勝	發揮能力 24 之道揚升到天堂 輻射體回歸	二元秩序 32 定義了空間的運行 心智保有	宇宙規則 40 回歸地球 心的釋放	設計論 48 解構整體秩序 觸動本源	時間旅行 56 同化心智 領航	銀河音階 64 統合多次元空間 醞釀

文明發展意識流（CA）
原始意識流（AC）

找到自己的維娜神諭力量

07月26日　VINAL1　　POP：得以知曉的人

08月15日　VINAL2　　UO：需在寂靜中聆聽

09月04日　VINAL3　　ZIP：為了能夠完整地進行整合

09月24日　VINAL4　　ZOTZ：須以知識為基礎

10月14日　VINAL5　　TZEC：到達根基的底部

11月03日　VINAL6　　XUL：偉大智慧的種子所在的地方

11月23日　VINAL7　　YAXKIN：隱藏的太陽輻射出些許光芒

12月13日　VINAL8　　MOL：將碎片統一，整合起來

01月02日　VINAL9　　CH'EN：進入內在智慧之源

01月22日　VINAL10　　YAX：清理心智，了解什麼還未成熟

02月11日　VINAL11　　SAC：驅散疑雲，建立自信

03月03日　VINAL12　　CEH：打破慣性的限制，連結白色的光

03月23日　VINAL13　　MAC：不再模稜兩可，進入

04月12日　VINAL14　　KANKIN：接引知曉合一的光芒

05月02日　VINAL15　　MOAN：看進黑暗之中

05月22日　VINAL16　　PAX：觸碰未來的樂音

06月11日　VINAL17　　KAYAB：伴隨歌聲與韻律

07月01日　VINAL18　　CUMHU：在對的地方，獲得對的信息

07月21日　VINAL19　　UAYEB：一切都是必經之路，最終獲得寶貴的智慧之石

每日靜心練習

　　靜心為我們帶來馬雅星際的訊息，這是讓我們可以在日常生活靜心的方法，也是用曆法進入心電感應自然時間與活化身體細胞 DNA 很重要的修煉。好好享受這些靜心，完整的靜心，讓我們身心踏實。祝福所有靜心者，必定從靜心中獲益，提升頻率。

銀河中心 HUNAB KU 靜心

| Hunab Ku 曼陀羅圖騰

1. 先做「銀河七方祈禱文」靜心。誦念祈禱文時，面向祈禱文中所對應的方向。
2. 看著彩色的 Hunab ku 想著心中想詢問的問題，或想去做的，或夢想。請銀河中心源頭給我們指引與方向。
3. 將空白圖騰依照彩色版的圖騰塗繪，塗繪完成後，寫下日期、姓名或寫下心情或只是在塗繪時心中浮現的想法，自由隨寫都可以。（或塗繪前在左上角空白處寫下自己的夢想、目標。）
4. 最後，將 Hunab Ku 放在自己可以看得到的位置，安靜地坐下，閉眼冥想 Hunab Ku 在自己心臟的位置，透過心臟的跳動，形成一條光束，與來自宇宙母體源頭光束連結，跟宇宙同步脈動。靜靜的感受就像在母親的子宮裡透過臍帶與母親相連，全然的放鬆與安全並被深深的愛著，靜默 7-10 分鐘或許更久，重新充電，依自己的時間。

（空白 Hunab Ku 圖在第 135 頁，可多印使用。）

銀河七方祈禱文靜心

來自東方,光之宮,
願智慧曙光在我們裡面,所以我們可以清晰的看見一切。

來自北方,夜之宮,
願智慧果實在我們裡面,所以我們可以從內在了悟一切。

來自西方,蛻變之宮,
願智慧蛻變為正確的行動,所以我們可以完成必須完成的。

來自南方,永恆的太陽之宮,
願正確的行動得以結果,所以我們享受行星存在的果實。

來自上方,天堂之宮,
此時此刻,就在那星際的同胞與先民在一起的地方,願他們的幸福流向我們。

來自下方,地球之宮,
願她的水晶體核心的心跳,能賜福於我們,使我們和諧,使我們得以終止所有的戰爭。

來自中心,銀河的源頭,
願當下所在之處,皆以互愛之光為名。

Ah Yum, Hunab ku, Evam Maya E Ma Ho !

Ah Yum, Hunab ku, Evam Maya E Ma Ho !

Ah Yum, Hunab ku, Evam Maya E Ma Ho !

(那心智與自然和諧是多麼美妙啊!)

電力調性的靜心 —— 解開靈性之結

「解結」的儀式，在電力調性的日子裡可以進行這解結的靜心儀式。進行時，可以點支蠟燭，因為火象徵著燃燒一切過去的障礙。為自己的靈魂為地球解開被封鎖住的力量。

1. 在「喉輪」觀想「紅龍」的印記，並說出：「我願意解開記憶的結。」
2. 在「喉輪」觀想「黃戰士」的印記，並說出：「我願意解開智力無懼的結。」
3. 在「太陽神經叢」觀想「白鏡」的印記，並說出：「我願意解開靈性靜心的結。」
4. 在「海底輪」觀想「黃種子」的印記，並說出：「我願意解開輻射開花的結。」
5. 在「海底輪」觀想「紅月」的印記，並說出：「我願意解開淨化流動的結。」
6. 在「頂輪」觀想「白狗」的印記，並說出：「我願意解開無條件的愛的結。」

彩虹橋靜心

在地球全子圖，找到每日圖騰的地球入口：每個圖騰都有其對應於地球地理上的位置，隨著每天不同的圖騰，啟動、活化、連結地球入口，透過地球入口，連結地球核心的八方水晶體，並且進入水晶體裡，進行彩虹橋靜心。

想像你就在地球的中心，地球的中心是由2個立體的金字塔所組成的巨大八方水晶體，水晶體上方是紅色、白色，下方是藍色、黃色。在水晶體中心強烈放射出白色的光，在雙尖水晶體的最高處，是一道白色光軸，從北極延伸到南極，光軸兩邊是由紅色與藍色的能量管，相互交叉纏繞著的原生能源，不停來回穿梭著，這個能源可以啟動我們人類的遺傳基因（DNA），水晶體的四方有4個時間原子，時間原子由7個小點組合而成。

南方藍色的時間原子以逆時針方向旋轉，北方紅色的時間原子以順時針方向旋轉，水晶體中心放射強烈的水平白光，平行對應了另外2個時間原子：一個是白色的，另一個是黃色的，像轉輪一樣以逆時針方向從左到右，繞著中心發光點緩慢旋轉。這些時間原子都像轉輪，以他們最自然的律動不斷旋轉！

此時，地球中心的白光越來越強，白光像流水一樣不斷向南極、北極噴發，就在與極光交會的同時，放射出一道巨大的彩虹光束，從地球兩極放射出去，彩

虹光束以180度圍繞著地球，瞬間形成巨大的彩虹橋。當地球繞著軸心旋轉時，彩虹橋保持靜止不動，我們感覺地球是如此平安、生生不息的運轉著。

　　就在此刻，更深地連結你的心！然後把彩虹橋的圖像放在心裡面，並想像自己的心與地球中心完全合一，感覺自己心中那一道強烈的白光束，白光從我們的頭頂、海底輪身體兩極處放射出彩虹光束，形成巨大的彩虹橋環繞著你整個身體，此時，我們完全與地球合一。就讓我們的能量、念力、意願以及行動一起走進全球彩虹橋的能量圈裡！慢慢深呼吸，慢慢回到你的心！想像地球就在我們每一個人的心裡！地球與我們合一，我們與地球一心！這象徵世界永恆平安的彩虹橋是真實的，只要當足夠多人的心都處在愛的心電感應場域中，一切我們內在所看到的，必然成真！

觀察自己的神諭力量與每日的共時運用

1. 找出自己的星系印記與行星服務波符，每日輕聲讀一遍自己的印記肯定句，用聲波共振使自己甦醒，可喚醒自己靈性的記憶。

2. 可以依循書中建議的靜心來活化自己，凝聚自己力量。

3. 練習觀察每天的 kin 與共時（巧合）發生與關聯，並寫下生活記錄，您將會發現許多的共時性與心電感應的事件，皆非巧合。

4. 查出當天的 PSI（行星意識資料庫），藉 PSI 的圖騰來靜心，連結當天更高次元的行星記憶，可以在靜心中詢問自己內心的問題，收到相關訊息。

5. 每日能量場的運用練習：觀察當天的星系印記（KIN）或加上自己出生時命運 KIN，會得出另一個星系印記 KIN，可以藉此與今天流動的能量共振跟觀察共時的發生。

6. 每月能量場的運用練習：
   （1）每個月第一天的 KIN，即是當月的流動能量，觀察並運用。
   （2）另外可將當月能量加上自己出生時命運 KIN，會得出另一個 KIN，也即自己與這個月流動的能量共振（屬於自己私人的當月能量），觀察共時性與可善加運用的能量。
   （3）還有當年能量波符 13 個波段中所對應到的當月圖騰，即是當月可運用的能量。

7. 每年能量場運用練習：
   （1）學會運用當年新能量所給予的力量。
   （2）運用自己每年生日新的神諭力量。
   （3）運算出自己 52 年的命運城堡預言力量，觀察並善用！

8. 關係的運算：
   （1）自己與另一個人的 KIN 相加，去觀察這段關係的互動，這即是彼此之間共振出的力量，也可在此力量中找到彼此今生相遇在一起的目的與任務。
   （2）團隊關係的運算，將一個團隊，或團體中所有人的 KIN 相加，了解與觀察整個團隊的能量，讓此能量發揮。
   （3）可觀察與家人或親密愛人間的緣份，互相關聯共時性。在地球相遇的目的（波符）？彼此給出什麼學習或支持？

9. 關注日常生活中常常出現的數字，找出這數字相對應於卓爾金曆表中的圖騰與調性，會發生一些有趣的共時、甚至會發現星際馬雅人要給你的訊息！包含所遇到的人事物。

10. 年曆中有 52 天標記綠色，代表 **GAP**（Galactic Activation Portal Days）銀河啟動之門。次元打開一扇門，即次元與次元間非常靠近，非常適合在這些日子靜心或喚醒 KIN 的本質，專注，能同時完成很多事。

11. 如何找出自己的內在女神神諭力量？
請將自己的印記 5 大神諭力量全部相加，即是「內在女神力量」。
「圖騰編碼總和 −20 倍數，調性音頻總和 −13 倍數」例：José
圖騰編碼總和 11 + 8 + 11 + 1 + 10 = 41 − 40 = 1 紅龍
調性音頻總和（11×4）+ 3 = 47 − 39 = 8
銀河音頻，8
他的內在女神力即 kin21 紅銀河龍。

12. 星系印記肯定句靜心
　（1）每日都有一個神諭力量（kin）的肯定句，共有 260 組編碼。利用下列公式，為自己的圖騰音調，編碼出屬於自己的肯定句，用這些肯定句靜心，看看你會收到什麼訊息或智慧。
　（2）請參照第 28、29 頁的銀河調性頻率表與第 30 頁的太陽能圖騰密碼表，將首排上的英文字母對應的文字，置入下列公式中：
　　我為了 B 而 A
　　CD
　　我封印了 F 的 E
　　透過 H 的 G 音頻
　　我被 F 的力量所引導（請填引導的 F）
　（3）如果調性是 1、6、11 的人請唸「我被自身雙倍的力量所引導」。
　（4）印記若是在綠色 GAP 門，請加一句「進入我，我是銀河激活之門」。

最後，學習 13 月亮曆法（新天狼星曆）的運用，會慢慢的像自然一樣適切適宜，總能在對的時間做對的事，一切即能御風而行，順應自然。

The 13 Moon Calendar

如何使用銀河星際羅盤

銀河星際羅盤,與新天狼星對焦,在銀河系找到自己,跟著銀河螺旋共舞、同步共時。

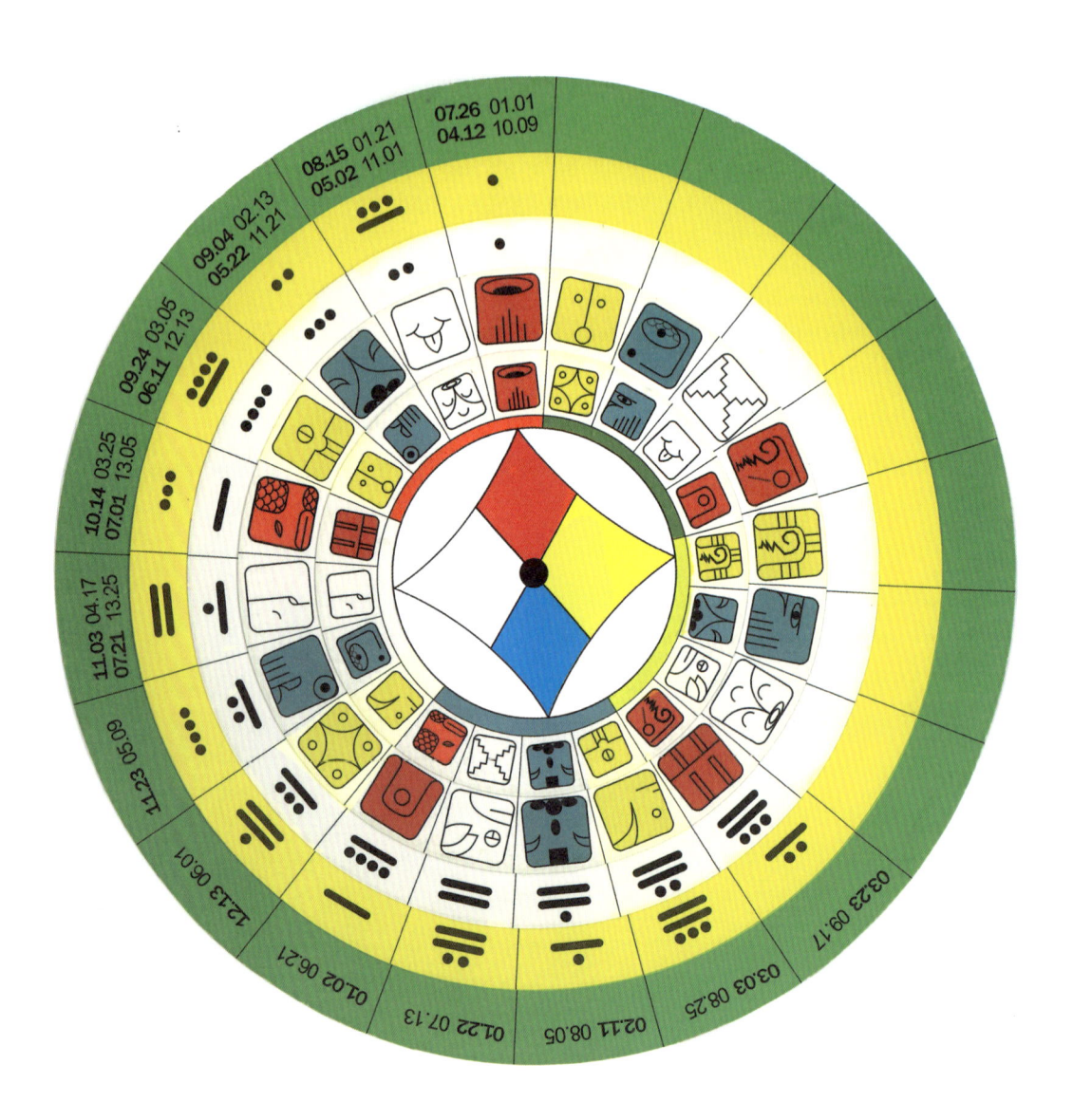

一、馬雅星際羅盤介紹：

轉動銀河星際羅盤，轉動整個銀河系的力量！以及自己波符 13 個服務神諭力量

「銀河星際羅盤」是銀河系宇宙的全息，它蘊藏了宇宙極大的能量場。讓我們一起來銀河系找自己，為自己與天狼星調頻校準，轉動自己第 5 力神諭！請繫好安全帶，啟動囉～

一. 羅盤介紹

1. 背面： 新天狼星 B 繞行天狼星 A 一圈的週期。繞行一圈＝地球 52 年，每年的入口由通道家族負責。

2. 正面：

* 綠色盤：日期，融合了西元曆、古馬雅 Haab 曆、13 月亮曆的週期。

* 黃色盤：桌爾金曆橫向調性音頻數字。含藏了神祕的 7 力量，也含人類 5200 年曆史，13 個巴頓！

* 白色盤：13 個調性音頻週期循環。也代表 13 天、13 個月。

* 大圖騰盤：20 個太陽圖騰週期循環。0 ～ 19

* 小圖騰盤：20 個波符，代表整個卓爾金曆。

* 5 個顏色城堡力量。

* 4 個顏色的指針。代表 Hunab ku。

* 中心那點代表銀河中心。

與天狼星調頻校準

52 年週期預言

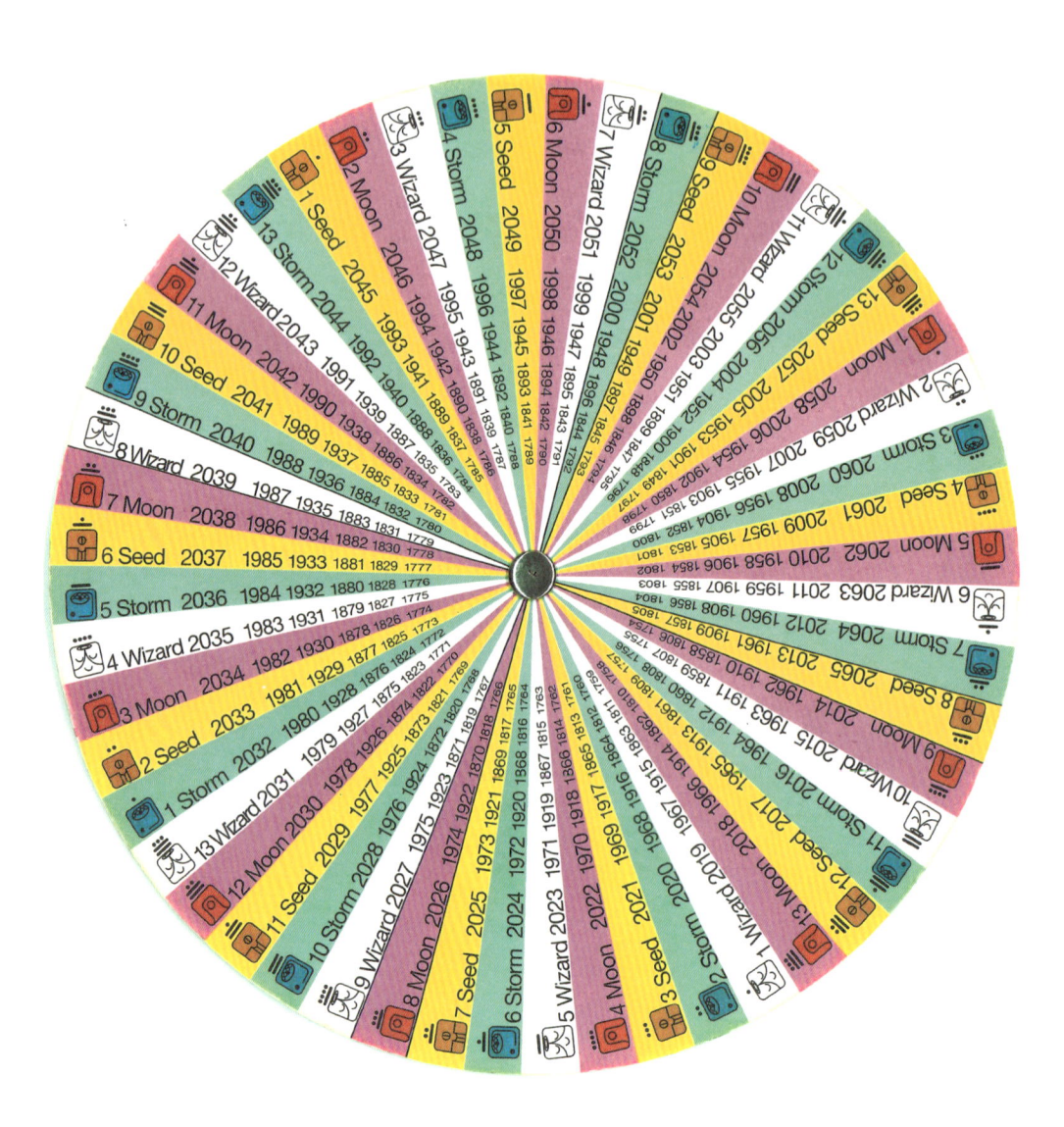

二. 銀河星際羅盤使用步驟

1. 先在背面新天狼星週期找到自己出生年圖騰與調性音頻。（7/26 以前生，請往下推一年）

2. 請在黃色盤找到自己出生年調性音頻，放在綠色盤 7/26、1/1 下方。之後請在綠色盤找出自己的出生月日，或者最接近出生月日的日期。

3. 在出生月日下方的黃色盤會有個調性音頻，請在白色盤找到與它相同的調性音頻對齊，調頻校準！（請留意此處黃盤原則是 7 ⊸ 的後面接 1．）

4. 接著，在大圖騰盤找到自己出生年的圖騰，同步放在自己出生月日（或最接近）黃盤白盤相同調性音頻的下方。校準。

5. 開始尋找自己。找到自己的出生月日，下方的大圖騰即是自己，數字即調性音頻！（在此請留意白盤原則：1．的後面接 13 ⊸ ；13 ⊸ 的後面接 1．）

6. 找到自己的波符，即此生生命目的。請找到白盤調性音頻 1 下方的大圖騰，在小圖騰盤找出相同的圖騰，與它校準對齊。此即自己的波符。

7. 找到自己的出生城堡力量！調性音頻 1 下方的小圖騰所屬的 5 顏色環，即是自己所處的顏色城堡。

8. 找出自己的引導。自己圖騰下方的小圖騰，即是自己的引導。

9. 找出自己的挑戰（強化自己的力量）。請將 Hunab ku 與自己相同顏色的指針指向自己，另一邊所指的大圖騰即是自己的挑戰力量。

10. 找出自己的支持。請將左手拇指按在藍風暴，右手拇指按在黃太陽，同步往二側移動至自己的圖騰，另一拇指所按的即是自己的支持。

11. 找到自己的推動力：左手拇指請按在黃太陽，右手拇指請按紅龍，同步往二側移動至自己的圖騰，另一拇指所按即是自己的隱藏推動力！

以上步驟，即完成了在銀河宇宙時空漫步，共時同步中尋找到自己的頻率、太陽圖騰與在銀河系的定位！恭喜您，找回了自己的力量！

Pacal Votan 國王石棺印記

和平旗 & 無時間日

在西元 1935 年,有 22 個國家在華盛頓 D.C. 共同簽署了尼可拉斯・羅列赫（Nicholas Roerich）所創立的「羅列赫和平公約」（Roerich Peace Pact）協議、宣示以文化促進和平。

任何國家都獲得許可保護它的文化或藝術傳承。有懸掛和平旗的地方，就在提醒每個人以和平來取代所有的戰爭。20 世紀 30 年代，這個旗幟曾在全球傳播。

在 1995 年時星際藝術網絡－世界 13 月亮曆新和平運動，採用這個旗幟做為正式的標幟之一，星際 13 月亮曆法將以推動世界和平為訴求。

這個旗幟是在白色的布上畫上三個紅圓球形，在外圍繞一個更大的紅色圓圈。白色的布，代表純潔的心，紅色象徵人類流的共同的血液，最上面的圓形代表靈性，包含了所有宗教的真理，雖不同信仰，然我們能夠合而為一。下方的二個圓形代表科學與藝術。代表著文化、靈性、科學與藝術的世代。

無時間日

13 月亮曆法是一道門檻或一座門戶，透過她將我們的意識與 13:28 的矩陣對頻。

標準的時間長度是 28 天的循環，亦稱之為一個月亮，因為月球繞行地球一周的時間是 28 天，且它每年繞行地球 13 次。28 天也是介於 29.5 天的相合週期（月亮相位）與 27.1 天的恆星月亮週期之中間數，因此，她是以 28 天的月亮基準而制訂的地球太陽週期。

如此，就完美制訂了一年 13 個月，一個月 28 天的週期規則，而一年下來共有 364 天，換言之就是一年正好有 52 週，每週 7 天。由於第 365 天不屬於任何一個月份或星期，因此，被稱為『無時間日』——7/25。這一天是透過文化，全球性的寬恕靜心與時間就是藝術的理念來慶祝世界和平的一天！

The 13 Moon Calendar

美國時間法則基金會會旗

代表了「一切是一，沒有分別！」

靈性、科學、藝術同步的世代！

ONE EARTH　ONE PEOPLE　ONE TIME

HUNAB KU 21

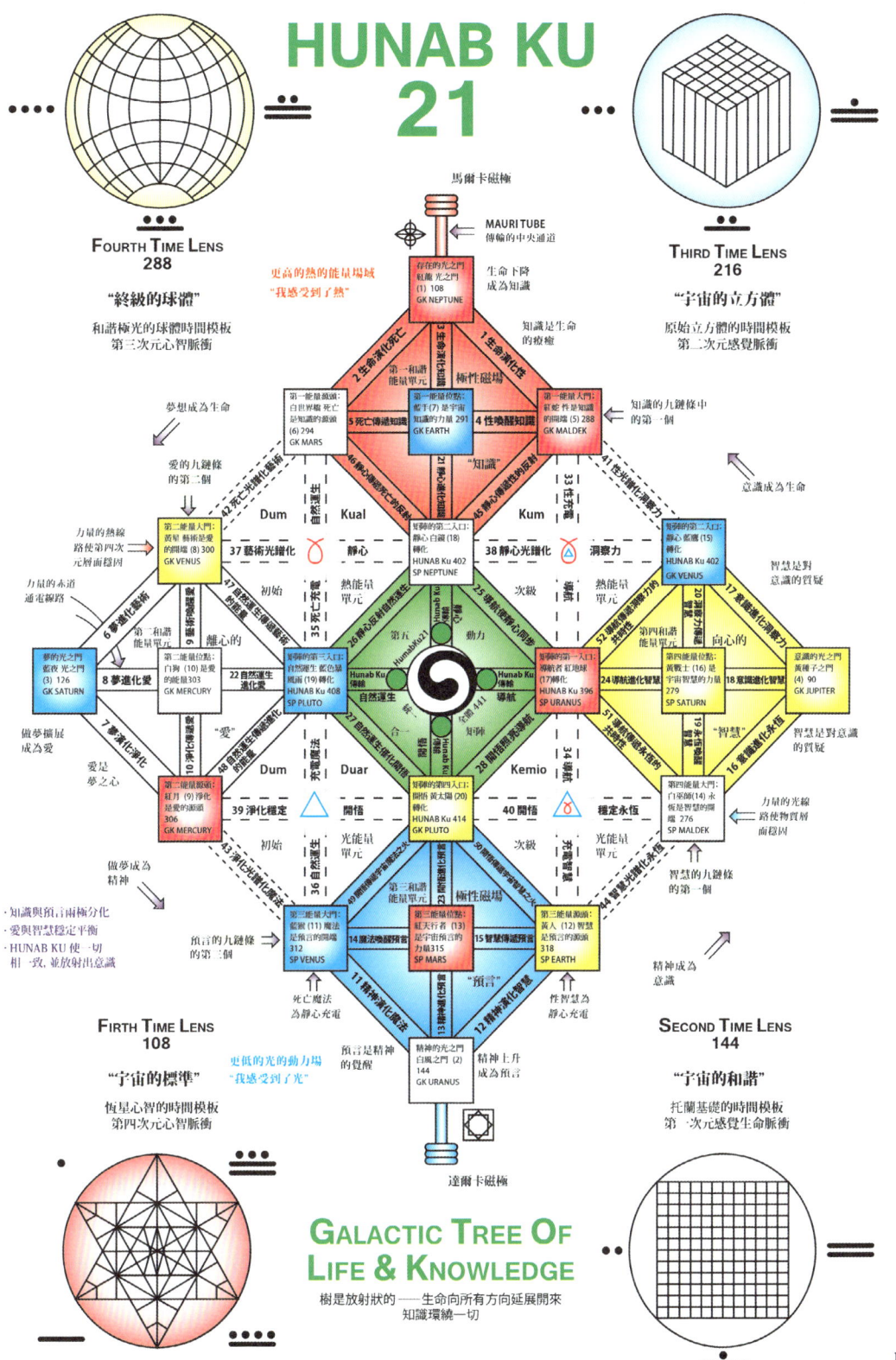

Just Living in the Law of Time

GALACTIC TREE OF LIFE & KNOWLEDGE

附錄

時間的週期

一天的週期

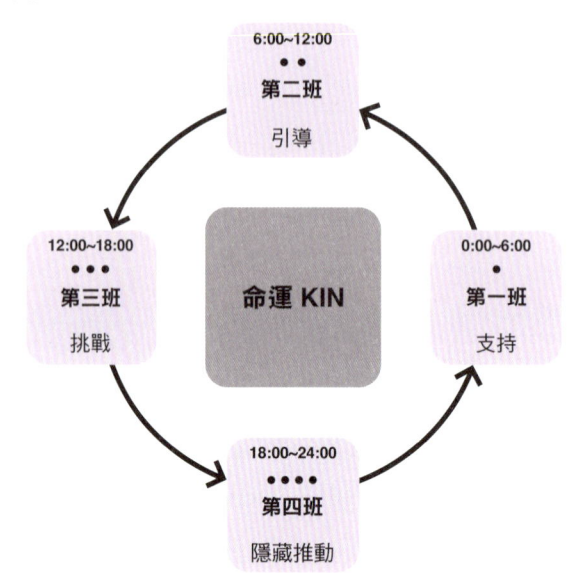

```
           6:00~12:00
              ‥
             第二班
              引導

12:00~18:00                0:00~6:00
   ⋮                          ・
  第三班        命運 KIN       第一班
  挑戰                         支持

           18:00~24:00
              ⋮⋮
             第四班
            隱藏推動
```

第 5 力神諭
神諭的鑰匙

　　神諭展示出任何一個銀河簽名或是 kin 更深層的意涵。

　　所有的簽名（kin）都擁有一個支持、引導、挑戰以及隱藏的力量。這個鑰匙的圖形向你展示出在各個位置的各種力量。舉例來說：

　　引導總是在這個神諭的最上方，來幫助你學習神諭，請熟記這 20 個太陽圖騰以及 13 個銀河調性，以及在接下來的各書頁中研讀神諭版。

　　如你所知，一個 kin 就是由一個太陽圖騰跟一個銀河調性所組成。組成每一個 kin 或是銀河簽名的這個編碼，就是第 5 力量的神諭。用一個比喻來描述第 5 力神諭就是，如果銀河簽名就是一個第四次元的一個花苞，那麼第 5 力神諭則是花朵輝煌的綻放。

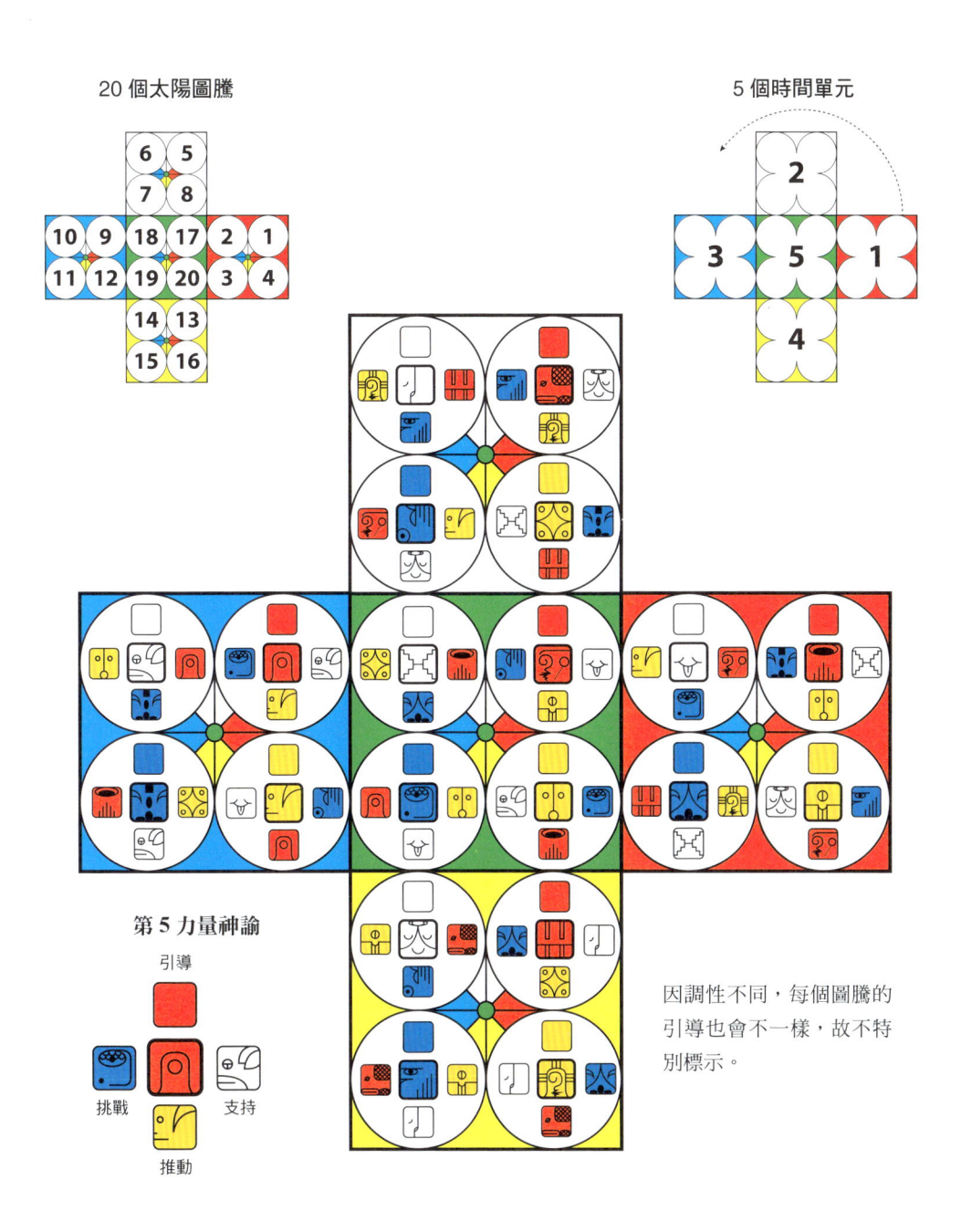

Just Living in the Law of Time

20 個太陽圖騰

5 個時間單元

第 5 力量神諭

引導
挑戰　支持
推動

因調性不同，每個圖騰的引導也會不一樣，故不特別標示。

115

Chromatic 排列──4 天的週期

諧波與色彩組合
65 組諧波構成了一個銀河迴旋（65×4＝260）。
諧波總是從紅色的日子開始，黃色日子結束。
「諧波」是由宇宙根源種族，搭配時間單元而編碼起來的。5 個時間單元與 13 個銀河調性來編碼所創造出來的 kin 之書裡面的 65 組諧波。

4 天的週期 65 的諧波
第一個時間單元──輸入與通知
第二個時間單元──儲存與記憶
第三個時間單元──處理與形成
第四個時間單元──輸出與傳達（傳遞）
第五個時間單元──母體（矩陣）與自我調解

4 個宇宙根源種族（顏色家族）
人類各種族的第四次元創世紀。也就是顏色家族。

根據顏色來編碼，就是紅白藍黃，那麼這些家族基於時間單元 20 個太陽部落的輪轉（輪換，轉動），他們的命運的圓滿，是當時間之船─地球，成為彩虹國度而完成。

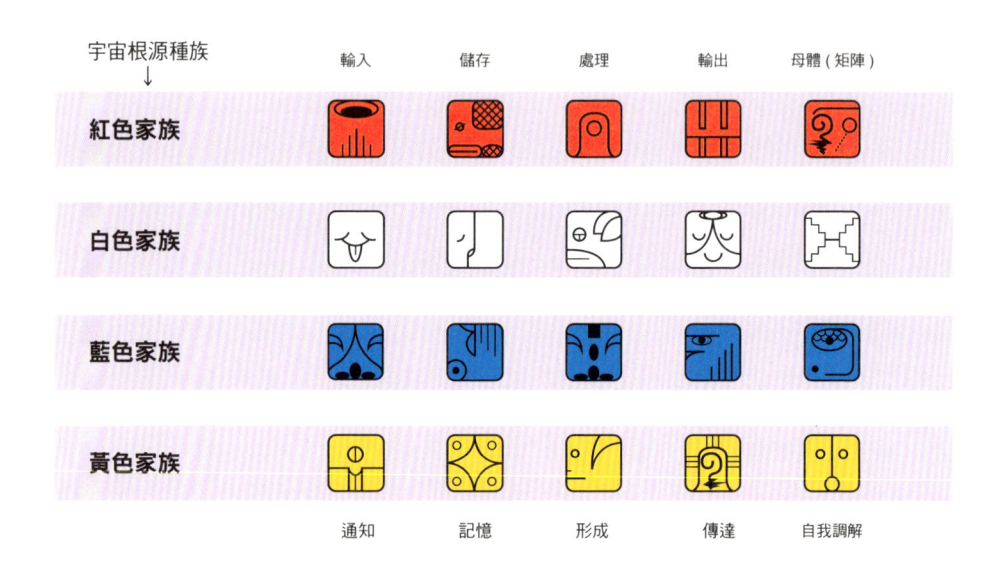

宇宙根源種族↓	輸入	儲存	處理	輸出	母體（矩陣）
紅色家族					
白色家族					
藍色家族					
黃色家族					
	通知	記憶	形成	傳達	自我調解

Chromatic 排列──5 天的週期 & 52 個色彩排列

什麼是一個色彩排列呢？他是一組 5 個 kin 的排列，第 1 個 kin 跟第 5 個 kin 是同樣的顏色，換句話說呢，是做為一個持續性的再循環的創世（發生），就是一種四次元時間的品質，這也是這 4 個顏色常數的力度（力量）。

這色彩排列，是由這個泛音第 5 的調性所召喚以及所推動的。

5 組含有 4 個顏色編碼的太陽圖騰
根據 52 年的命運城堡
再搭配 13 個銀河調性
編碼出了太陽圖騰的生日
與行星全子的水平（橫向）編碼

Clans Grant 原始的銀河殖民團隊，是基於 4 大銀河元素，火焰－血液－真理與天空家族，每一個都對應到 4 大色彩排列，所以呢，火焰是黃色，血液是紅色，白色是真理，藍色是天空。

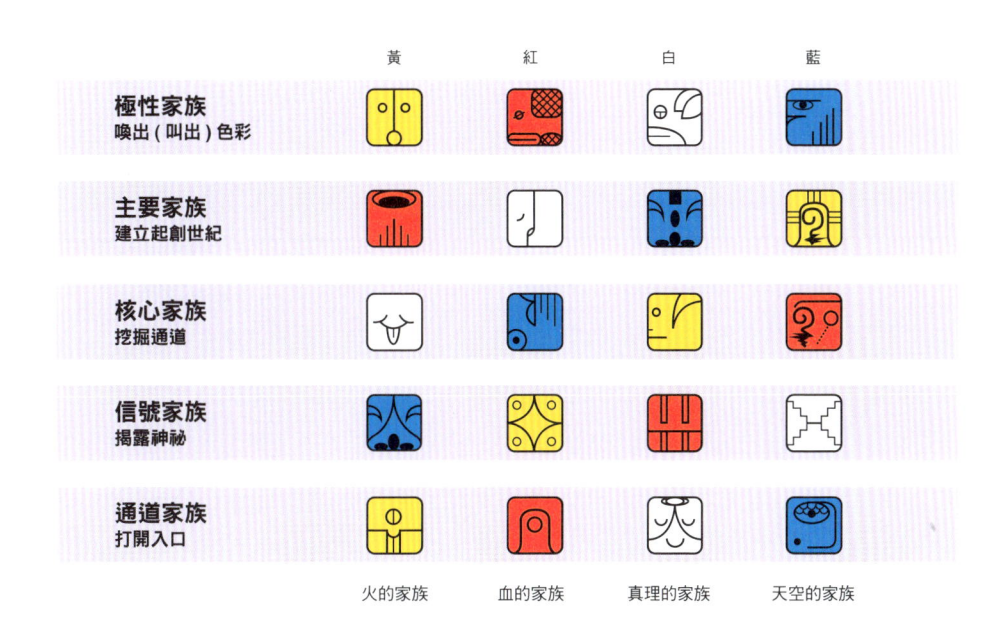

	黃	紅	白	藍
極性家族 喚出（叫出）色彩				
主要家族 建立起創世紀				
核心家族 挖掘通道				
信號家族 揭露神祕				
通道家族 打開入口				
	火的家族	血的家族	真理的家族	天空的家族

13 天的週期──波符（The Wavespell）

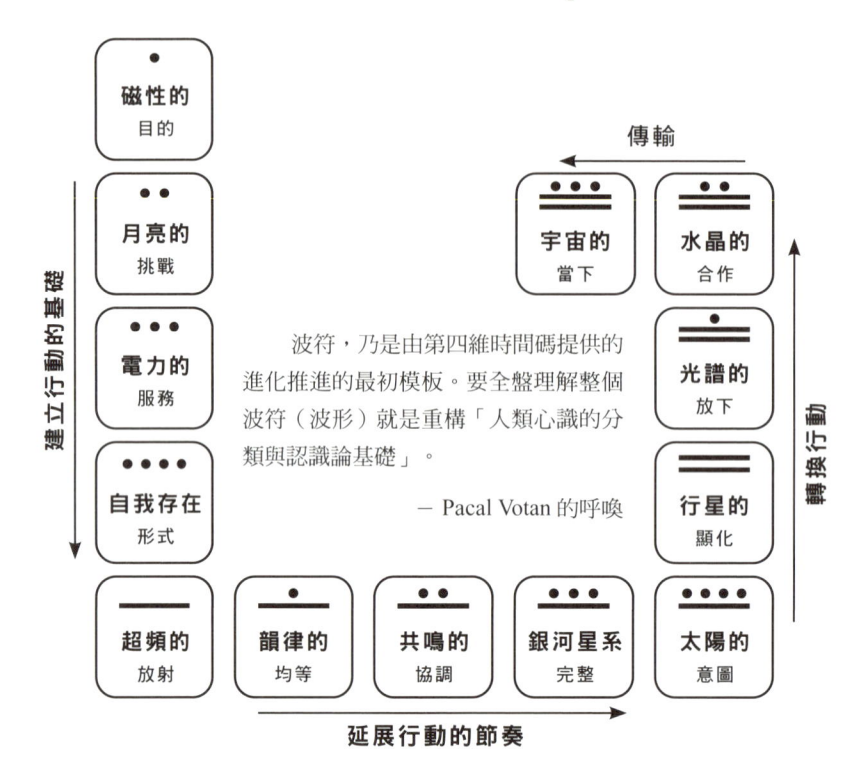

```
         磁性的
          目的
                              ← 傳輸
  ↓   月亮的           宇宙的      水晶的
      挑戰            當下        合作
建
立
行   電力的                       光譜的          轉
動   服務                         放下           換
的                                              行
基                                              動
礎   自我存在                      行星的          ↑
     形式                         顯化

     超頻的   韻律的   共鳴的   銀河星系   太陽的
     放射    均等    協調    完整      意圖
                    → 延展行動的節奏
```

波符，乃是由第四維時間碼提供的進化推進的最初模板。要全盤理解整個波符（波形）就是重構「人類心識的分類與認識論基礎」。

── Pacal Votan 的呼喚

在銀河自旋 Tzolkin 260 個 kin 裡有 20 個波符，每個波符開始於磁性的頻率（調性 1、1 點）。

波符可以運用來策劃，在任何由波符運作的時間週期之中行動，在 13 天，13 週，13 個月，13 年，13 個巴盾等等諸如此類。

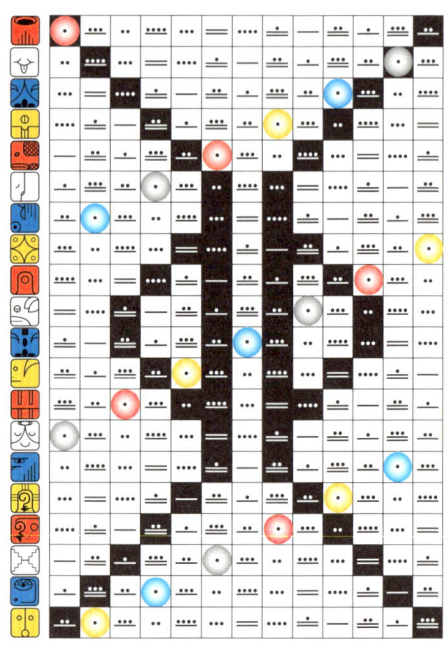

Just Living in the Law of Time

20 個太陽能圖騰的週期

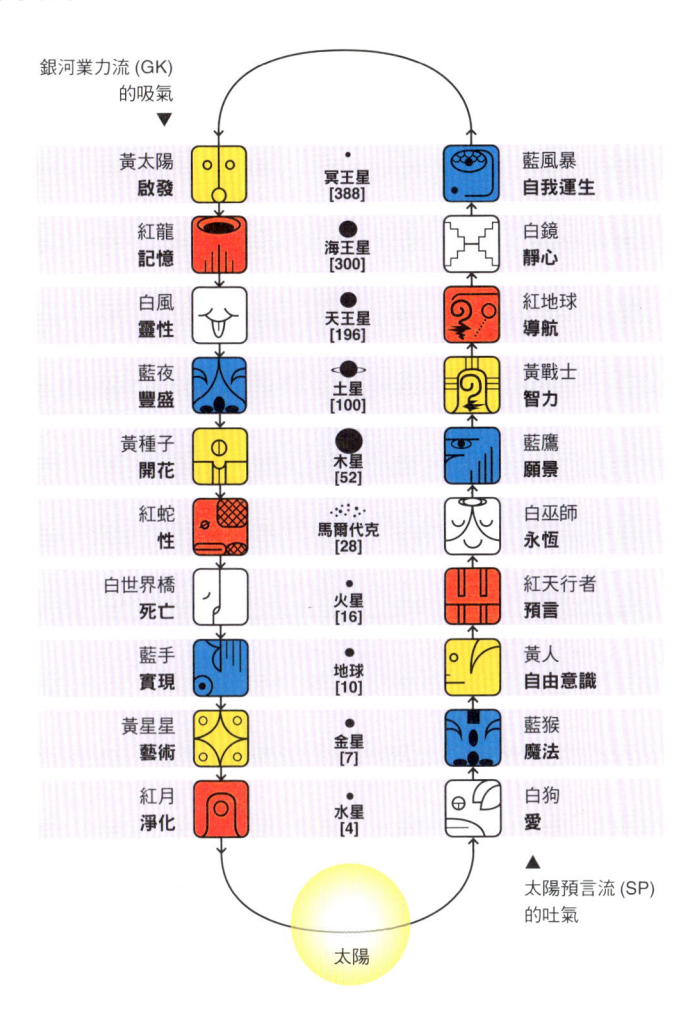

銀河業力流 (GK)
的吸氣
▼

黃太陽 啟發	冥王星 [388]	藍風暴 自我運生
紅龍 記憶	海王星 [300]	白鏡 靜心
白風 靈性	天王星 [196]	紅地球 導航
藍夜 豐盛	土星 [100]	黃戰士 智力
黃種子 開花	木星 [52]	藍鷹 願景
紅蛇 性	馬爾代克 [28]	白巫師 永恆
白世界橋 死亡	火星 [16]	紅天行者 預言
藍手 實現	地球 [10]	黃人 自由意識
黃星星 藝術	金星 [7]	藍猴 魔法
紅月 淨化	水星 [4]	白狗 愛

▲
太陽預言流 (SP)
的吐氣

太陽

意識是一種行星軌道的功能

　　一顆行星的目的，是在一個進化的星球系統之中，維持住自己的軌道，並且與其他各行星的軌道，共同保持在太陽或恆星單位的關係。

　　一個行星維持住軌道的性能，是一種在行星中智慧圓滿的功能。做為智能不同功能的各個持有者，其在銀河系交換模式中，行星軌道協調了恆星的智能。

　　每個行星還有波德數字（如圖括號中所示），這些行星相對於它們與太陽的距離相互之間的軌道比例（由德國天文學家 Johann Elert Bode 確定）。

20天週期 Hunab Ku 21

Just Living in the Law of Time

以 5 座城堡旋轉的銀河（52 天的週期）

登上魔法飛行的螺旋梯

260-kin 卓爾金（Tzolkin）是由 20 個波形（13 x 20 = 260）的分形重複圖案所組成。下面的圖形為「旅程的地圖」，是卓爾金（Tzolkin）的顯示，被稱為銀河自旋。被架構為 5 座城堡，每一個城堡 52 天，每個城堡由 4 個波形（波符）組成。每座城堡都有顏色、方向和功能。

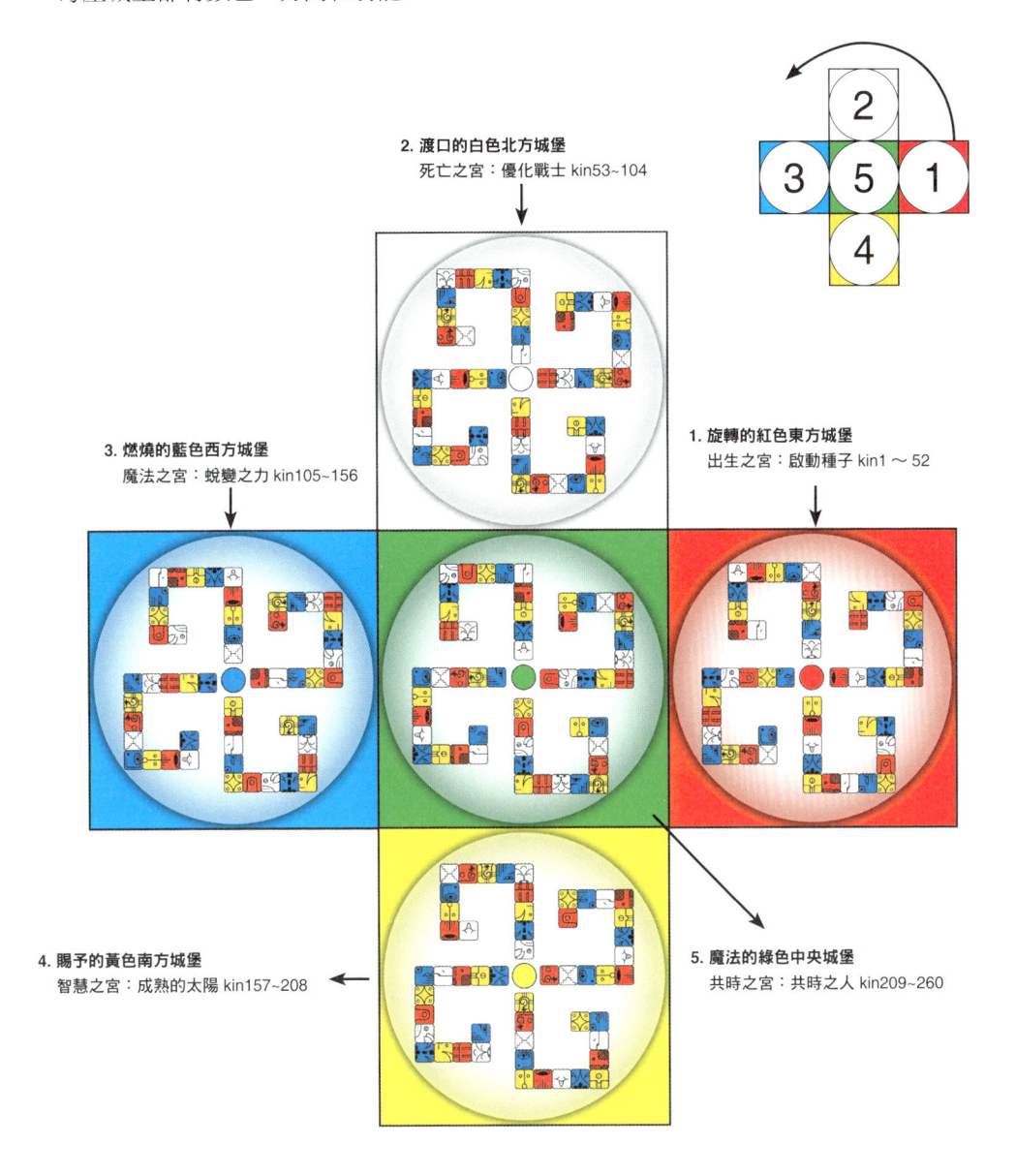

2. 渡口的白色北方城堡
死亡之宮：優化戰士 kin53~104

3. 燃燒的藍色西方城堡
魔法之宮：蛻變之力 kin105~156

1. 旋轉的紅色東方城堡
出生之宮：啟動種子 kin1～52

4. 賜予的黃色南方城堡
智慧之宮：成熟的太陽 kin157~208

5. 魔法的綠色中央城堡
共時之宮：共時之人 kin209~260

121

65 天的循環──四個銀河季節

地球上的四季
在天堂中的四季

　　第五次元的時間（共時）因素，是 4 個銀河的季節（光譜）的原裡，描述了第 5 力的各種原始創造力，

　　因為每一個光譜是原始的時間（共時）序列數字上的 1/4，從第四元的觀點，這些季節可以被視為是一種色彩的航行，每個色彩的航行，各擁有一個完整的色彩的光譜，這 4 個銀河季節是第五次元到第四次元的運動，協調了並銜接第四到第三次元的銀河自旋。之所以光譜的分形，純粹第四次元的實相狀態，是光譜的（形式與光芒）而不是物質的（質與量）。

──José Argüelles /Valum Votan　Pacal Votan 的召喚～《時間是第四次元》一書

　　在 260 天的旋轉裡，有 4 組 65 天的週期，這些週期是由 4 個極性家族的電力調性 3 來編碼的。例如：紅電力蛇，白電力狗，藍電力鷹，黃電力太陽。

紅色銀河光譜：
啟動生命力的季節，kin185~kin249

白色銀河光譜：
優化愛的季節，kin250~kin54

藍色銀河光譜：
蛻變視野的季節。Kin55~kin119

黃色銀河光譜：
成熟開悟的季節。Kin120~kin184

每個銀河季節 / 光譜，由 3 個 20 天加上 1 個 5 天的週期構成，由 4 個極性的 kin 所編碼，紅蛇，白狗，藍鷹，黃太陽，永遠是這個序列。

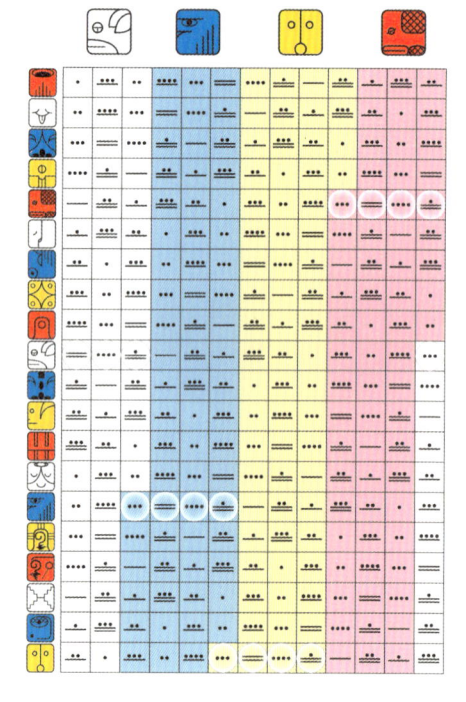

調性　3 －建立（20 天）
調性 10 －延展（20 天）
調性　4 －轉換（20 天）
調性 11 －傳輸（5 天）

7 天的週期

創造的 7 天：等離子立方體宇宙學

　　在普拉那（生命的氣息）中，有各種不同原始的等離子，就是所謂的 7 個輻射等離子。一旦我們有意識的將它們吸入進來，那麼這些等離子可以被引導到各個不同的脈輪裡面，於此它們提供了心靈感應能量的燃料。

——《王座寶冊－宇宙史大事紀》卷一

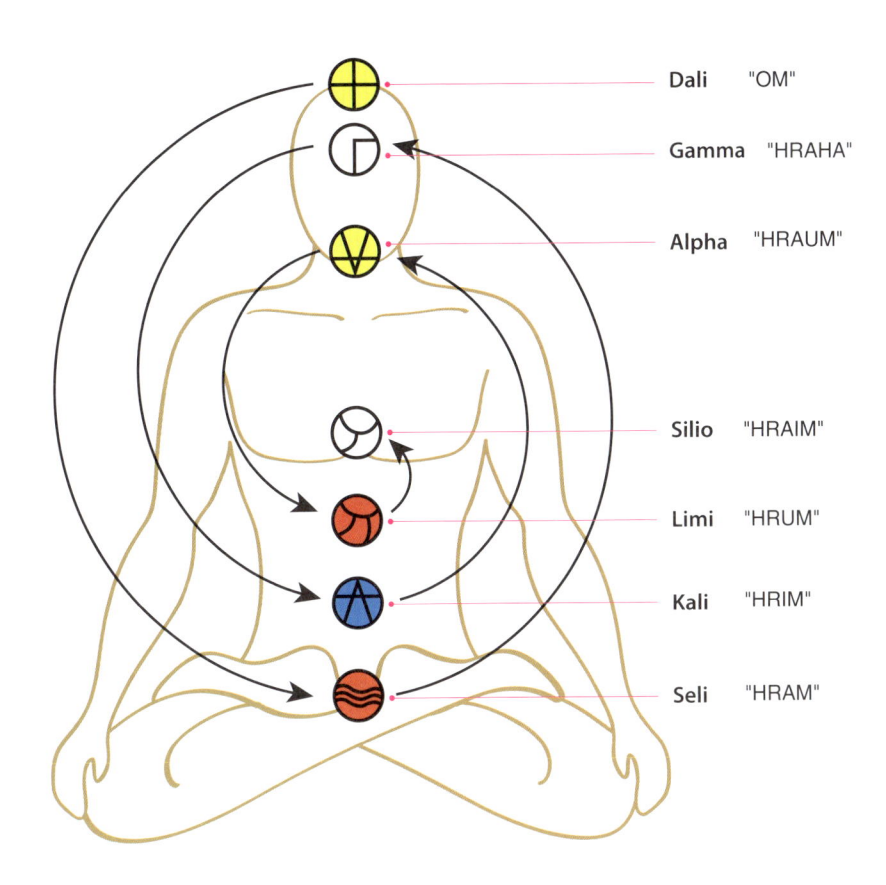

符號位置	名稱	咒音
	Dali	"OM"
	Gamma	"HRAHA"
	Alpha	"HRAUM"
	Silio	"HRAIM"
	Limi	"HRUM"
	Kali	"HRIM"
	Seli	"HRAM"

地球精神的發聲管──TELEKTONON

TELEKTONON預言棋盤，是來自於心靈感應宇宙學的觀點，對於太陽系理解的地圖。

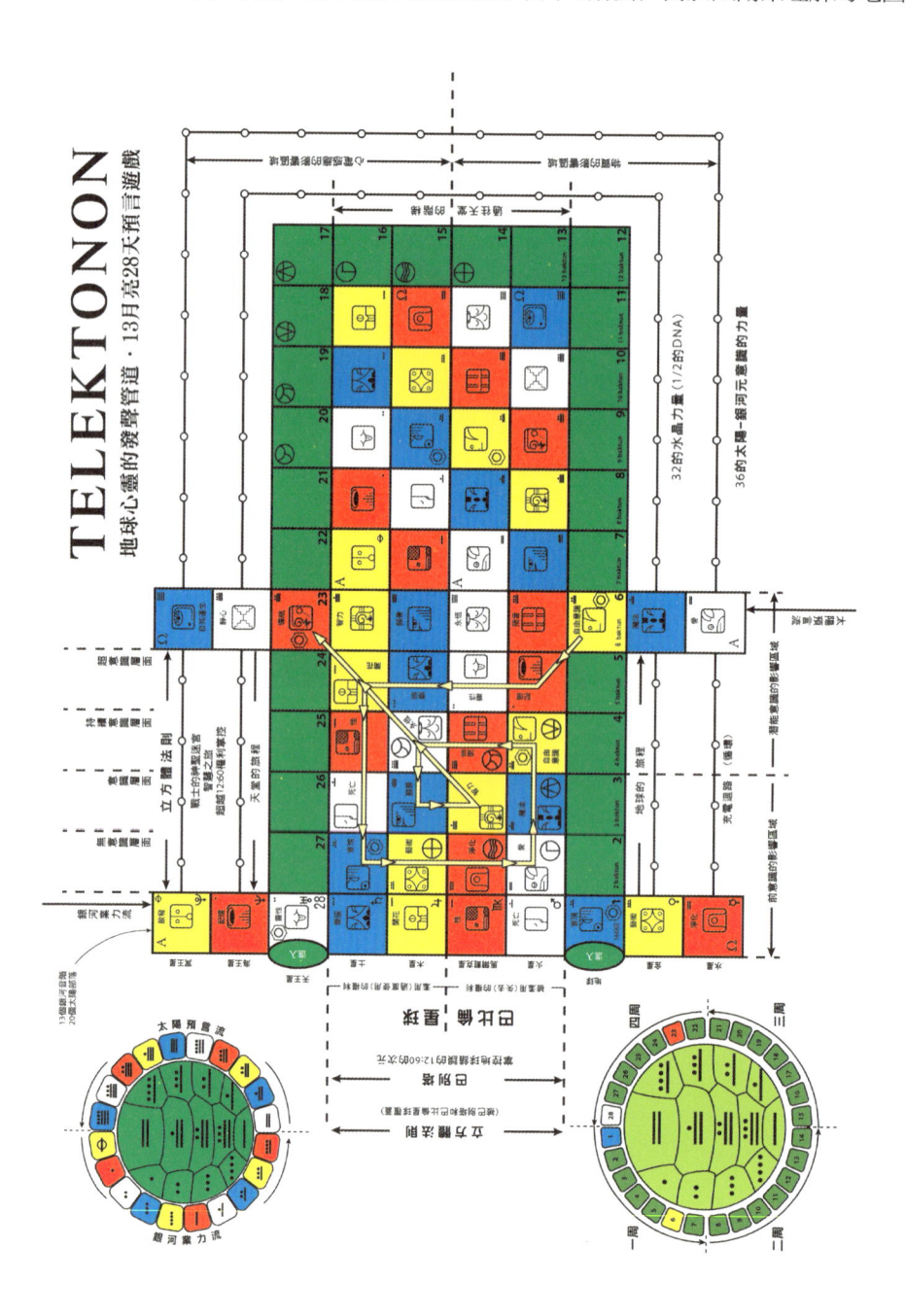

16 天戰士立方體旅程

每個月亮的 7 ～ 22 日這 16 天，是來修練您的覺醒的智慧與預言的心靈感應的力量。

1 ～ 16 立方體用點線標位置，阿拉伯數字標示日期。

例：立方體 1• 的位置──紅龍、記憶，是每月的第 7 天。

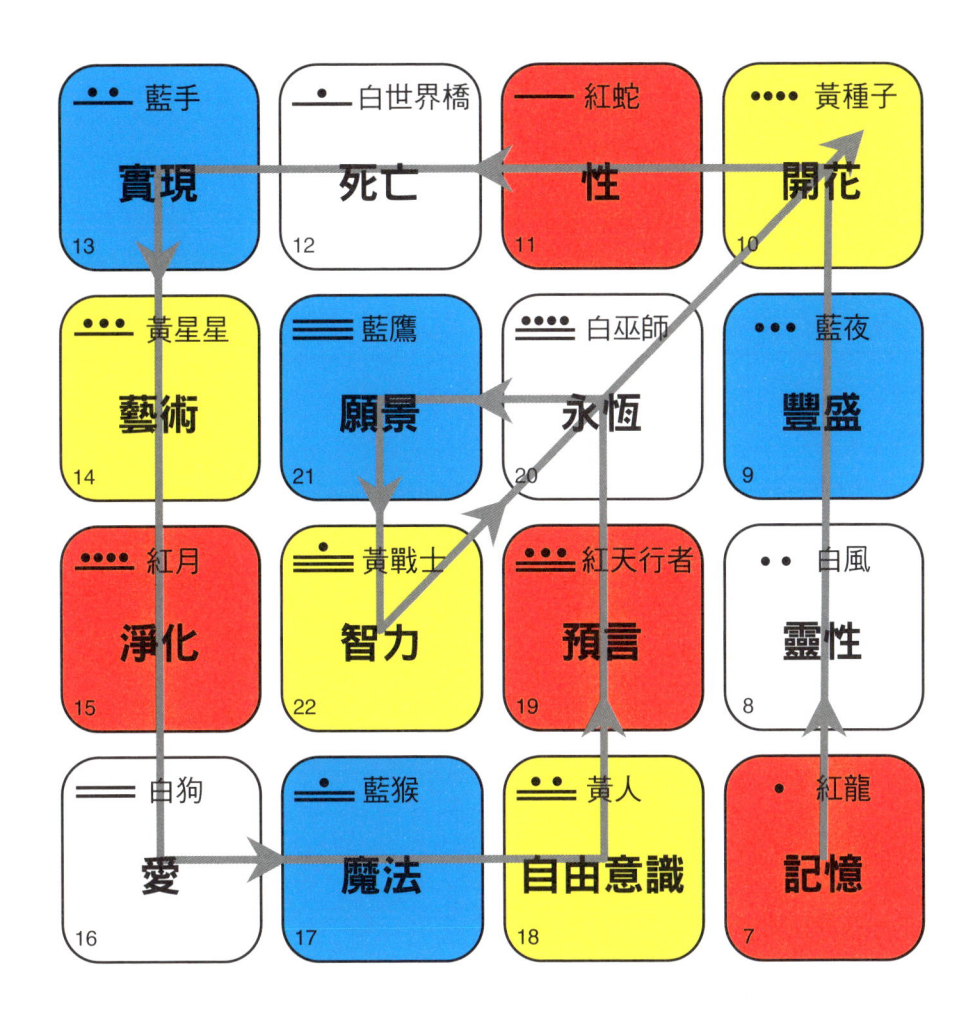

•• 藍手 **實現** 13	— 白世界橋 **死亡** 12	— 紅蛇 **性** 11	•••• 黃種子 **開花** 10
•••• 黃星星 **藝術** 14	☰ 藍鷹 **願景** 21	≡≡≡≡ 白巫師 **永恆** 20	••• 藍夜 **豐盛** 9
•••• 紅月 **淨化** 15	≡≡≡ 黃戰士 **智力** 22	•••• 紅天行者 **預言** 19	•• 白風 **靈性** 8
≡≡ 白狗 **愛** 16	≡ 藍猴 **魔法** 17	•• 黃人 **自由意識** 18	• 紅龍 **記憶** 7

Just Living in the Law of Time

The 13 Moon Calendar

28 天的週期 —— 1 個月亮

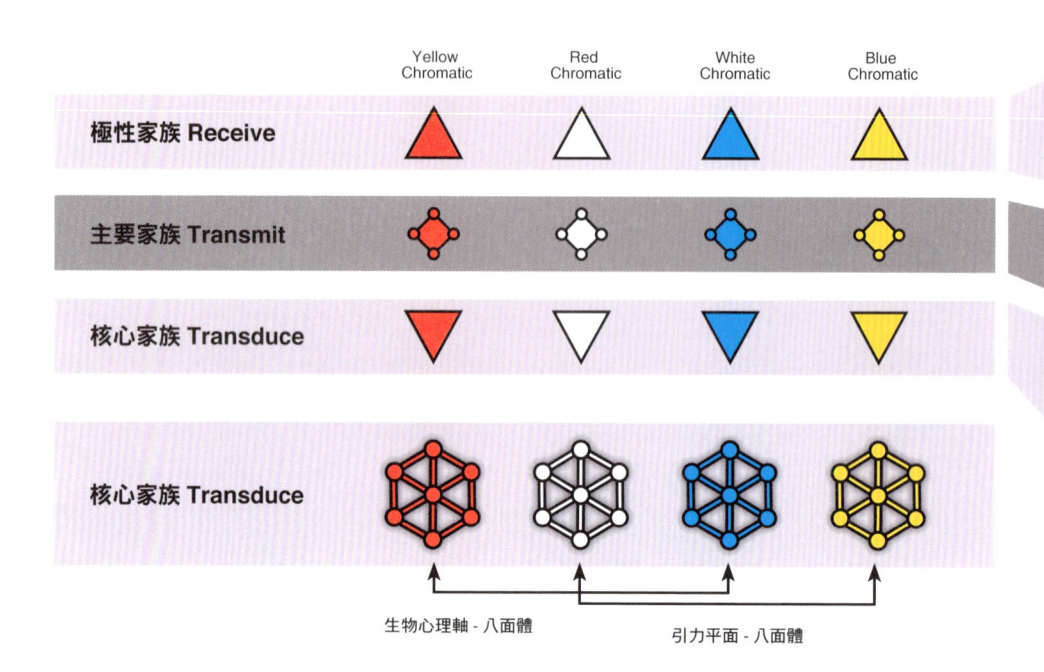

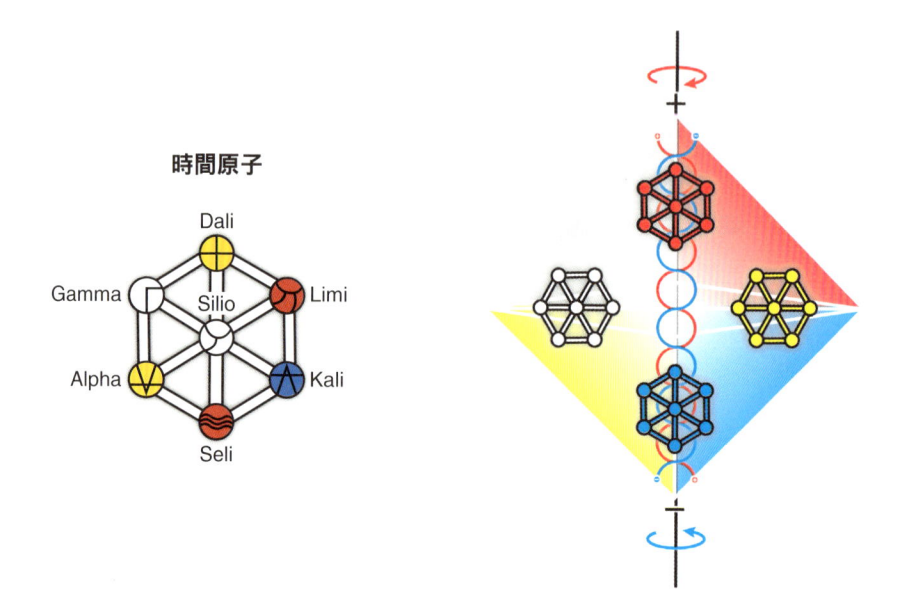

	Yellow Chromatic	Red Chromatic	White Chromatic	Blue Chromatic
極性家族 Receive	🔺(紅)	🔺(白)	🔺(藍)	🔺(黃)
主要家族 Transmit	◆(紅)	◆(白)	◆(藍)	◆(黃)
核心家族 Transduce	🔻(紅)	🔻(白)	🔻(藍)	🔻(黃)
核心家族 Transduce	(紅八面體)	(白八面體)	(藍八面體)	(黃八面體)

生物心理軸 - 八面體　　　引力平面 - 八面體

時間原子

Dali
Gamma　Silio　Limi
Alpha　　　　Kali
Seli

Just Living in the Law of Time

感官量子
- 目標
- 流動
- 平靜

催化劑
- 建立

心靈感應量子
- 釋放
- 淨化
- 發射

每天觀想等離子在你的脈輪中，心靈感應活化了在第四次元立方體形式裡面新創造的 7 個輻射等離子。

唯有追尋 13:28 曆法，您才能辦到，此曆法是幫助您以完美和諧的方式，將愛與光集中起來的工具。

「頭 3 個等離子創造一個感官量子，一顆感官量子是能讓您的想像具體化的基石！每週的第 4 顆等離子是用來將前 3 顆跟後 3 顆催化為一個時間原子。」

「1 顆心靈感應的時間原子，是為創造您的時間旅行載具的想像結構。請記得，心靈感應遠比光束還要快！」

「每週的後 3 顆等離子創造出一個心靈感應量子。」

總結：一個感官加上一個心靈感應思想形式可以產生 1 顆時間原子。

13 月亮曆法，在我們手中就像一個完美的全息圖，您現在所要學習的是如何運用此全息圖，來專注您的意念於建構一個新世界，於此，心靈感應一方面既是溝通最有效率的辦法，而且也是靈性建構一個新世界，在這裡愛與和諧是唯一的道路！

7 個輻射等離子是用來做一個新的實相的創造，每天，每週，每月，每年！

「等離子是星際馬雅人做星際旅行的燃料！」
—— José Argüelles/Valum Votan/ 時間法則基金會

心經 VS. 卓爾金

	觀	度	空	不	想	乃	無	提	有	波	羅	能	咒
	自	一	即	生	行	至	老	薩	恐	羅	蜜	除	曰
	在	切	是	不	識	無	死	埵	怖	蜜	多	一	揭
	菩	苦	色	滅	無	意	盡	依	遠	多	是	切	諦
	薩	厄	受	不	眼	識	無	般	離	故	大	苦	揭
	行	舍	想	垢	耳	界	苦	若	顛	得	神	真	諦
	深	利	行	不	鼻	無	集	波	倒	阿	咒	實	波
	般	子	識	淨	舌	無	滅	羅	夢	耨	是	不	羅
	若	色	亦	不	身	明	道	蜜	想	多	大	虛	揭
	波	不	復	增	意	亦	無	多	究	羅	明	故	諦
	羅	異	如	不	無	無	智	故	竟	三	咒	說	波
	蜜	空	是	減	色	無	亦	心	涅	藐	是	般	羅
	多	空	舍	是	聲	明	無	無	槃	三	無	若	僧
	時	不	利	故	香	盡	得	罣	三	菩	上	波	揭
	照	異	子	空	味	乃	以	礙	世	提	咒	羅	諦
	見	色	是	中	觸	至	無	無	諸	故	是	蜜	菩
	五	色	諸	無	法	無	所	罣	佛	知	無	多	提
	蘊	即	法	色	無	老	得	礙	依	般	等	咒	薩
	皆	是	空	無	眼	死	故	故	般	若	等	即	婆
	空	空	相	受	界	亦	菩	無	若	波	咒	說	訶

馬雅數字 VS. 預言

$4:7=7:13 \rightarrow 20$

$4 \times 7 = 28$（天）
$4 \times 13 = 52$（週）
$7 \times 13 = 91$（1季）
$52 \times 7 = 364$
$91 \times 4 = 364$ ⎱ ＋1天＝1年
$13 \times 28 = 364$

13x20=260 天

$260 \times 73 = 365 \times 52$
$= 18{,}980$ 天 $= 52$ 年
$=$ 新天狼星 B 繞行天狼星 A，1 圈

卓爾金曆
13x20=260 天的週期

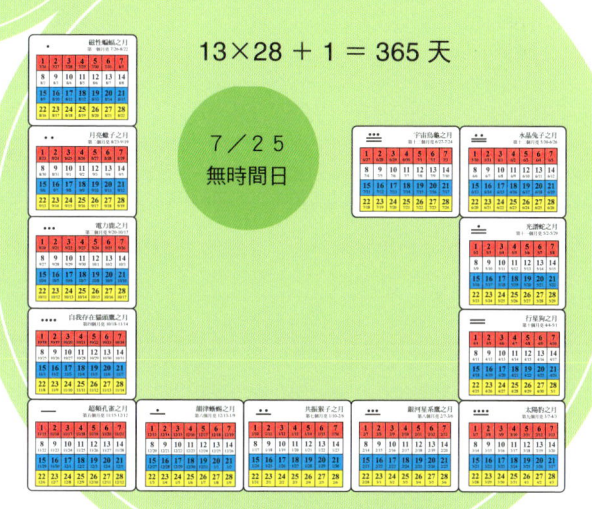

$13 \times 28 + 1 = 365$ 天

7／25
無時間日

13月／28 天，364 天

星際馬雅人在跨次元間移動──脈衝

波符的 4 個脈衝

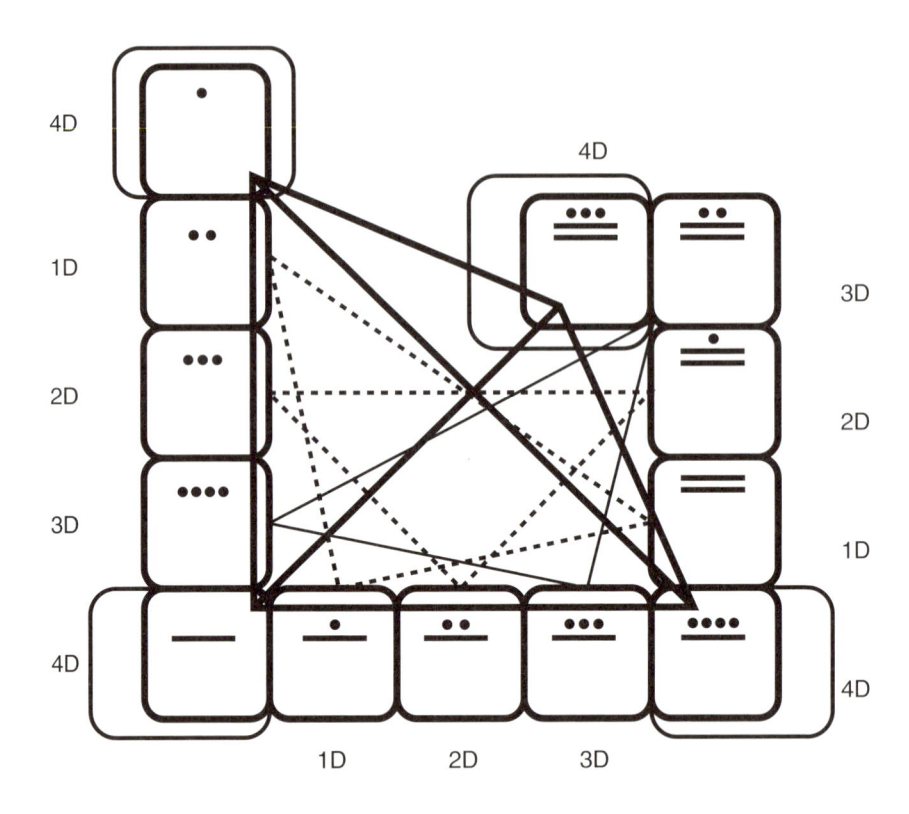

脈衝 Pulsars
星際馬雅人在時空次元中移動的方法。

四次元的時間 Pulsar：
1 磁性的；5 超頻的；9 太陽的；13 宇宙的
一次元的生命 Pulsar：
2 月亮的；6 韻律的；10 行星的
二次元的感官 Pulsar：
3 電力的；7 共鳴；11 光譜的
服務的確定和實踐
三次元的心智 Pulsar：
4 自我存在的；8 銀河星系的；12 水晶的
形式的確定和實現（在目的、挑戰和服務方面）

5 個超頻的脈衝

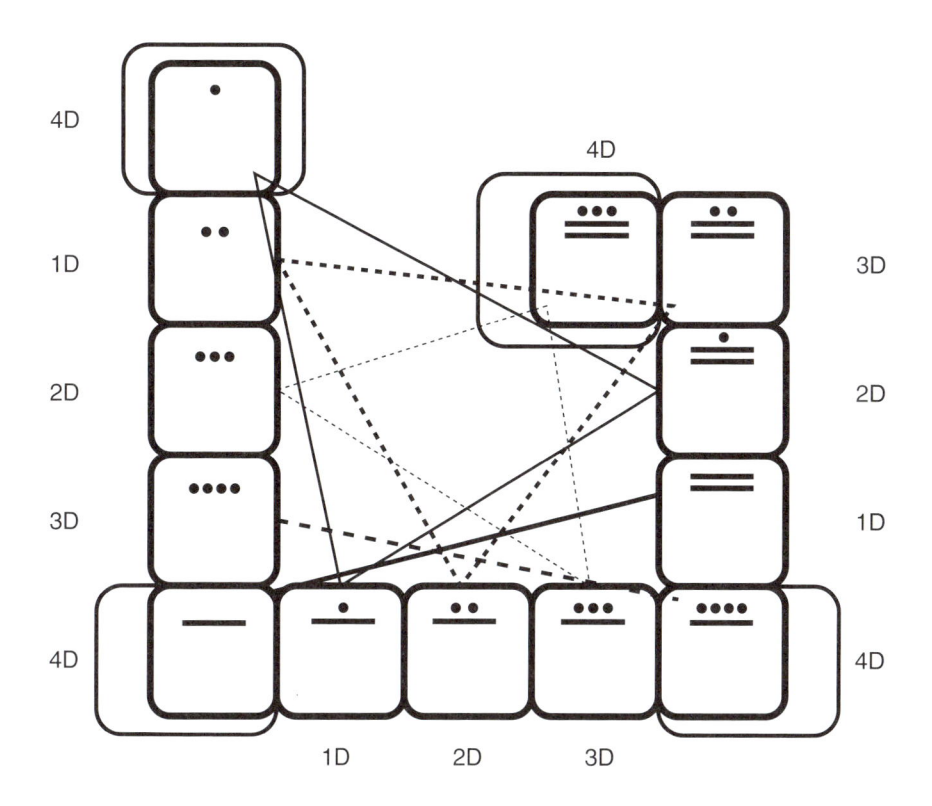

Overtone Pulsar 的密碼
透過學習每年連結的節奏和行為模式，集體的行星目標可以被映射和實現。由波符的 pulsars 和 overtone pulsars 的同步作用，新的和意想不到的力量，可以為了地球和所有生命被確實發掘。

磁性的時間 Overtone Pulsar：
1 磁性的；6 韻律的；11 光譜的（統一 4 次元 1 次元和 3 次元）
月亮的生命 Overtone Pulsar：
2 月亮的；7 共鳴的；12 水晶的（統一 1 次元 2 次元和 3 次元）
電力的感官 Overtone Pulsar：
3 電力的；8 銀河的；13 宇宙的（統一 2 次元 3 次元和 4 次元）
心智時間 Overtone Pulsar：
4 自我存在的；9 太陽的（統一 3 次元和 4 次元）
時間生命 Overtone Pulsar：
5 超頻的；10 行星的（統一 4 次元和 1 次元）

Rebecca星際廣雅手札

從1~20⊙，20個太陽能圖騰的啟示

- 1. 紅龍：我啟動新開始，滋養所有存在，每個誕生的生命，都帶著古老的記憶（業）而來。
- 2. 白風：所有生命的挑戰，是要了解自己是靈性的存有。
- 3. 藍夜：要知道自己本自俱足豐盛。
- 4. 黃種子：清楚自己的目標，覺知自己的潛力！
- 5. 紅蛇：要找出自己的生命力，對生命擁有熱情。
- 6. 白世界橋：並明白死亡是重生，是物質體的結束，進入另一次元。
- 7. 藍手：知曉來地球是為了實現成就與療癒自己。
- 8. 黃星星：散發自己美麗光芒，優雅的活，成為世上的藝術品。
- 9. 紅月：淨化情緒，讓生活、生命感性、流動
- 10. 白狗：與自己的心連結，忠誠自己的心，忠誠於愛～

11. 藍猴：清楚一切是幻象、回到童心，凡事「別太認真」！

12. 黃人：人人都有影響力，成為自由意識（頭腦思想）的主人，為自己完全負責！

13. 紅天行者：要醒覺、明白次元空間、探索，並能預言！

14. 白巫師：明白「無時間」，當下即永恆，凡事了然，接受一切，施展白魔法。

15. 藍鷹：擁有洞見，能看見願景，並創造未來！

16. 黃戰士：成為彩虹光之戰士，無懼、為真理出征，以同理與智力解決問題。

17. 紅地球：進化，進入宇宙自然法則，並與之共時。

18. 白鏡：因外境的反射可以看見自己的真相，即可重建內在無盡的秩序。

19. 藍風暴：進入風暴中心的寧靜，讓蛻變發生！

20. 黃太陽：開悟的生命之火，可以燃燒內心所有黑暗，成為自己的光，照亮溫暖所有生命！

一起～回到愛與和諧。

（你是我，我是另一個你）

IN LAK'ECH Rebecca

Rebecca 星際感應手札
關於綠色魔法城堡

感應的預言、末日，是舊的週期結束，進入新的週期。kin 208，完成梅林208階魔法修練。進入

kin 209、 kin 222、
kin 235、 kin 248 $13 \times 4 = 52$

52天、52週、52年、5200年……
綠色魔法的5200年。意念創造實相，
4～5次元、心電感應力。

☆ 現在PSI（行星意識資料庫）進入了這波符，也表示① 您、我們可以對焦調頻於此，創造預言自己的未來。② 再不到 52 天，就

☆ 要過年了！！

IN LAK'ECH rebecca
NS1.30.11.14

Just Living in the Law of Time

Hunab Ku

我的神諭力量與行星服務波符

星系印記 Galactic Signature

出生年　　　　　　　　　　　　　　　　　　　PSI

Kin：＿＿＿＿＿＿

我的星際馬雅名：＿＿＿＿＿＿　＿＿＿＿＿＿　＿＿＿＿＿＿
　　　　　　　　　　顏色　　　　　調性　　　　　圖騰

我的波符 Wavespell

銀河音頻調性對應人體位置

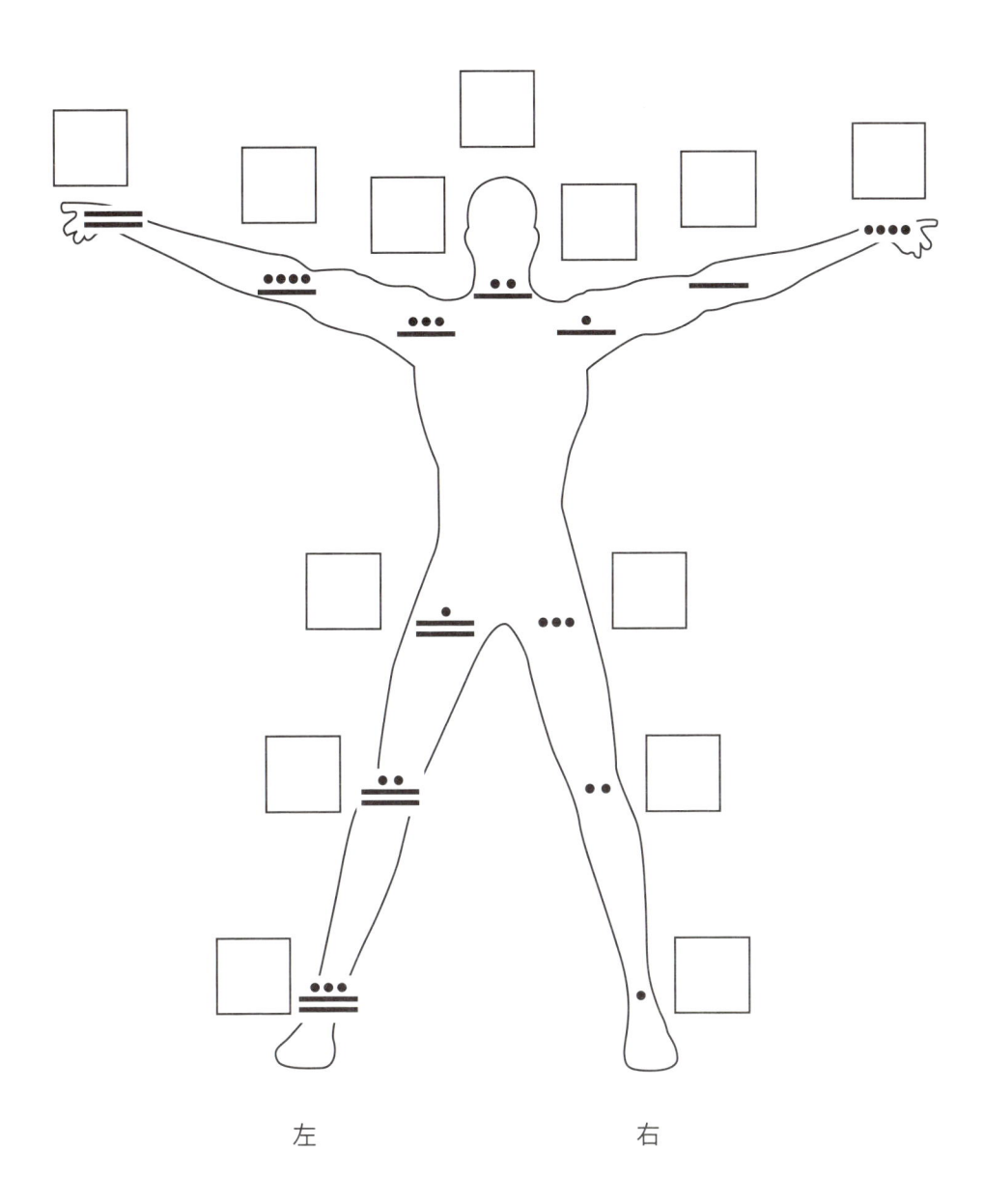

左　　　　　　右

Just Living in the Law of Time

自己的 52 年預言表

找到自己的家族，預言自己的 52 年！當我們 52 歲時，即等於另一個全新的誕生，新的開始！請先找出自己的家族，把自己放在第一格，以此類推，依序往下繪出，即完成！

地球家族

年齡	圖騰	調性
出生		
1		
2		
3		
4		
5		
6		
7		
8		
9		
10		
11		
12		
13		

年齡	圖騰	調性
14		
15		
16		
17		
18		
19		
20		
21		
22		
23		
24		
25		
26		

年齡	圖騰	調性
27		
28		
29		
30		
31		
32		
33		
34		
35		
36		
37		
38		
39		

年齡	圖騰	調性
40		
41		
42		
43		
44		
45		
46		
47		
48		
49		
50		
51		
52		

預言自己 52 年的命運城堡

繪出自己的 52 年生命的神諭力量。請先找到自己的家族，以紅色開始，由右往上逆時針，依序第一格填上家族圖騰——紅、白、藍、黃，再以第一個圖騰依序——紅、白、藍、黃家族圖騰往後排列，即完成 52 年生命曼陀羅。

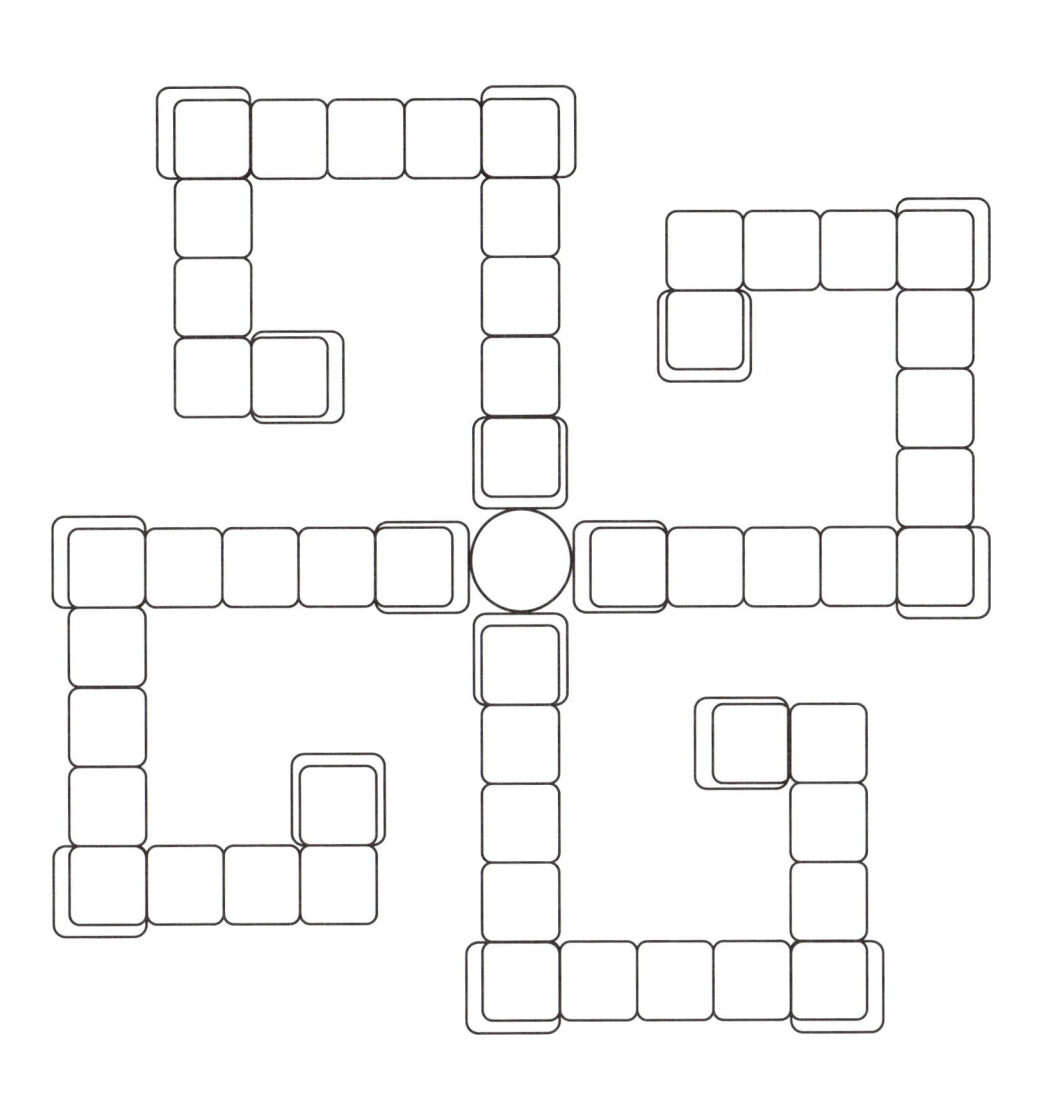

The 13 Moon Calendar

本書持有者：

姓名 | Name _____

印記 | KIN _____

銀河簽名：_____ _____ _____
　　　　　　　顏色　　音頻　　　圖騰

來自 _____ 波符

第 5 力量神諭：

支持 KIN _____

引導 KIN _____

挑戰 KIN _____

隱藏推動 KIN _____

星際馬雅有 7

1. 寧靜的
2. 靜心的
3. 感恩的
4. 分享的
5. 走路的
6. 遊戲的
7. 祈禱的

愛每個人，因為～
In Lak'ech Ala K'In！
（馬雅語：你是我，我是另外一個你！）

解開你的星際馬雅密碼

集結馬雅、易經、心經、盧恩符文、13月亮曆法，解開時間的祕密

編　　　著	莊惟佳
資 料 來 源	José Argüelles、Foundation for the Law of Time 時間法則基金會
翻　　　譯	朱衍舞、陳柏宇、郭瑞申
校　　　對	莊惟佳、陳誼芳
美 術 編 排	陳誼芳
美 術 編 輯	申朗創意

總　編　輯／賈俊國
副 總 編 輯／蘇士尹
編　　　輯／黃欣
行 銷 企 畫／張莉滎、蕭羽猜、溫于閎

發　行　人／何飛鵬
法 律 顧 問／元禾法律事務所王子文律師
出　　　版／布克文化出版事業部
　　　　　　115 台北市南港區昆陽街 16 號 8 樓
　　　　　　電話：(02)2500-7008　傳真：(02)2502-7676
　　　　　　Email：sbooker.service@cite.com.tw

發　　　行／英屬蓋曼群島商家庭傳媒股份有限公司城邦分公司
　　　　　　115 台北市南港區昆陽街 16 號 4 樓
　　　　　　書虫客服服務專線：(02)2500-7718；2500-7719
　　　　　　24 小時傳真專線：(02)2500-1990；2500-1991
　　　　　　劃撥帳號：19863813；戶名：書虫股份有限公司
　　　　　　讀者服務信箱：service@readingclub.com.tw
香港發行所／城邦（香港）出版集團有限公司
　　　　　　香港九龍土瓜灣土瓜灣道 86 號順聯工業大廈 6 樓 A 室
　　　　　　電話：+852-2508-6231　　傳真：+852-2578-9337
　　　　　　Email：hkcite@biznetvigator.com
馬新發行所／城邦（馬）出版集團 Cité(M)Sdn. Bhd.
　　　　　　41, Jalan Radin Anum, Bandar Baru Sri Petaling,
　　　　　　57000 Kuala Lumpur, Malaysia.
　　　　　　電話：(603) 90563833　　傳真：(603) 90576722
　　　　　　Email：services@cite.my

印　　　刷／卡樂彩色製版印刷有限公司
初　　　版／2024 年 12 月
售　　　價／441 元
Ｉ Ｓ Ｂ Ｎ／978-986-5405-04-5

© 本著作之全球中文版（繁體版）為布克文化版權所有‧翻印必究
＊ 版權歸屬與授權：時間法則基金會 Foundation for the Law of Time